Köstliche PROBIOTISCHE DRINKS

75 Rezepte für Kombucha, Kefir, Ingwerbier, und andere natürlich fermentierte Getränke

JULIA MUELLER

Julia Mueller

Köstliche Probiotische Drinks

Titel der Originalausgabe: Delicious Probiotic Drinks

Deutsche Erstausgabe, 2016

Übersetzung: Henry Arnold

Layout: Inna Kralovyetts

Druck: alfaPRINT, s.r.o.

www.mobiwell.com

ISBN: 978-3-944887-27-2

Inhaltsverzeichnis

Einleitung

Einleitung

Willkommen in der wundervollen Welt probiotischer Drinks! Wenn Sie nach einer lustvollen und köstlichen Methode zur Verbesserung Ihrer Gesundheit suchen, sind Sie hier genau richtig!

In diesem Buch finden Sie mehr als 75 Rezepte zur Herstellung zehn verschiedener Arten probiotischer Getränke. Sie werden auf diesen Seiten entdecken, wie Sie zu Hause brauen können, welche gesundheitlichen Vorzüge Probiotika und verschiedene Kräuter, Früchte, Gemüse und Tees haben und wie Sie Ihre eigenen köstlichen probiotischen Drinks herstellen.

Die Abschnitte dieses Buches sind nach Getränkearten gegliedert. Jeder Abschnitt beginnt mit Hinweisen, wie Sie das Getränk brauen. Dann folgen Rezepte für das Aroma, damit es Ihnen auch schmeckt. Während das Buch Informationen zur Fermentation bietet und Sie zur Aromagestaltung inspiriert, möchte ich Sie aber auch zur Kreativität auffordern; Sie sollten sich an Ihren eigenen Bedürfnissen und Ernährungswünschen orientieren sowie Methoden wählen, die für Sie selbst funktionieren. **Denken Sie immer daran: Fermentation ist eine Kunst!**

Sie kann allerdings auch frustrierend sein. Sie kann viel Zeit verschlingen und irritieren, aber vor allem ist sie absolut großartig, sobald Sie den Bogen raushaben! Der Prozess der Fermentation von Getränken (und Nahrungsmitteln) macht nicht nur Spaß, Sie lernen dabei auch eine Menge über chemische Grundlagen und menschliche Gesundheit – und das Ergebnis selbst ist ausgesprochen köstlich.

Das Fermentieren probiotischer Drinks muss nicht teuer sein! Tatsächlich ist es sehr kostengünstig, alle diese Getränke zu Hause zu brauen. Im Internet finden Sie hervorragende Ressourcen dafür: hochwertige probiotische Starter, Krüge, Flaschen, Gläser und andere Mittel, die Sie für das Brauen benötigen.

Lassen Sie sich Zeit, genießen Sie den Prozess des Züchtens gesunder probiotischer Kulturen und gehen Sie gut motiviert auf eine Reise, die Ihre Gesundheit deutlich verbessert. Erinnern Sie sich an das Ökosystem von Organismen in Ihrem Innern, das Ihrem Körper bei seinen grundlegendsten und dennoch komplexen Aufgaben hilft? Die Unterstützung dieser Organismen durch den Aufbau einer wünschenswerten Umgebung für ihr Gedeihen macht diese gesund und froh – und dasselbe passiert dabei auch mit Ihnen.

Bitte lesen Sie alle Anleitungen sorgfältig, denn bei der Fermentierung probiotischer Getränke gibt es auch Dinge, die schiefgehen können. Auf jeden Fall ist es Zeit, sich mit probiotischen Getränken genauer zu befassen!

Über Probiotika (und Hefe)

Probiotika sind gute Bakterien, die dabei helfen, die Mikroflora in Ihrem Verdauungstrakt zu stärken und aufrechtzuerhalten, sodass die Verdauungsbalance und die Gesamtgesundheit des Darms gesichert werden. Es gibt Tausende von Arten hilfreicher Bakterien und Hefen; als die für unser Verdauungssystem nützlichste Bakterienart wird der Lactobacillus angesehen, der der Lebendkultur in Joghurt, Kombucha, Kefir, Ingwerbier usw. entspricht. Sie können natürlich eine große Anzahl probiotischer Nahrungsergänzungsmittel und Getränke im Lebensmittelladen kaufen, aber sie sind oft recht teuer und nicht immer so wirksam wie die selbst gemachten.

In der Auseinandersetzung zwischen guten und schlechten Bakterien sind die Probiotika auf der Seite der guten. Sie helfen beim Kampf gegen schädliche Bakterien, können Krankheiten heilen oder verhindern, das Immunsystem stärken und die Energie steigern. Manche Unternehmen stellen sogar probiotische Reiniger für den Haushalt oder für gewerbliche Zwecke her, um auf natürliche Weise eine keimfreie Umgebung zu sichern.

Im Alltag konsumieren wir Nahrungsmittel, denen Lebendkulturen fehlen. Das beruht auf zwei Ursachen: erstens auf der Methode, mit der unsere Nahrung gewonnen wird und zweitens darauf, wie unser Essen zubereitet wird. Unser Fleisch ist oft voller Antibiotika und unsere frischen Produkte können genetisch modifiziert und mit Chemikalien besprüht worden sein. Wir verlassen uns überwiegend auf erhitzte Nahrung wie zum Beispiel Brote und Nudeln. Bedingt durch die Annehmlichkeiten der Lebensmittelindustrie haben wir vergessen, dass eine gesunde Ernährung vor allem auf Rohkost und ganzheitlichen Nahrungsmitteln basiert.

Während wir mit der Ergänzung unserer Nahrung durch probiotische Drinks nicht ohne Weiteres sämtliche Ernährungsdefizite beseitigen können, so hilft sie uns aber sicherlich, unseren Darm von Schäden zu befreien, die schwerverdauliche Lebensmittel (wie etwa Weizen, Bohnen, Gemüse, Industriezucker) verursacht haben. Sie hilft uns ebenfalls beim Aufbau einer positiven Umgebung für das Florieren der in Ihrem Darm vorhandenen nützlichen Mikroorganismen, bei der Nahrungszersetzung, beim Kampf gegen Krankheitserreger und bei der Stärkung Ihres Immunsystems.

Gesundheitliche Vorzüge probiotischer Drinks

Jeder einzelne probiotische Drink hat seine einzigartigen Bakterien- bzw. Hefearten. Es gibt Tausende von nützlichen Bakterien und Hefen, die alle unser Verdauungs- und Immunsystem unterstützen. Der gesundheitliche Nutzen von probiotischen Drinks ist breit angelegt. In jedem Abschnitt dieses Buches liefere ich Ihnen eine Beschreibung der Vorzüge des jeweiligen Getränks und der gesundheitlich positiven Eigenschaften der Zutaten jedes Rezeptes.

Probiotische Drinks fördern die wirksame Verdauung, indem sie eine gesunde Darmflora sichern, Krankheitserreger bekämpfen (und dabei die Immunität verbessern) sowie das Energieniveau für die Gesamtvitalität erhöhen. In gewissem Sinn sind fermentierte Nahrungsmittel „vorverdaut", weil der Zucker in der Nahrung oder in dem Getränk bereits zerlegt ist. Dadurch sind sie leichter verdaulich als nicht-fermentierte Nahrung und verursachen der Bauchspeicheldrüse, die für die Sekretion der Verdauungsflüssigkeiten zuständig ist, weniger Arbeit.

Während probiotische Drinks bei jedem anders wirken, haben Studien belegt, dass sie bei der Linderung folgender Störungen und Krankheiten helfen können:

- Verstopfung
- Zöliakie
- Darmpilz und Leaky-Gut-Syndrom
- Morbus Crohn
- Reizdarmsyndrom
- Durchfall
- Geschwüre
- Diabetes
- Hefepilzinfektionen

Während ich Ihnen hier Informationen über die gesundheitlichen Vorzüge jedes Getränks liefere, werden in der wissenschaftlichen Gemeinschaft viele noch darüber debattieren, in welchem Ausmaß Probiotika uns nützen. Deshalb ist es wichtig, dass Sie im wörtlichen Sinn Ihrem Darm folgen. Betreiben Sie Ihre eigene Forschung und denken Sie daran, dass diese Getränke dennoch kein Allheilmittel sind und nicht bei jedem Menschen dasselbe bewirken.

Zur Fermentation

Fermentation ist ein wertvoller Prozess, der seit Jahrtausenden in verschiedenen Kulturen der Welt eingesetzt wird. Er wird für die Herstellung von Bier, Wein und anderen Getränken sowie haltbaren Lebensmitteln verwendet, die besonders wichtig waren, als noch keine sichere Lagerung von Nahrungsmitteln und Getränken durch Kühlen oder Einfrieren existierte.

Fermentation ist ein Prozess, bei dem ein lebender Organismus wächst und sich vermehrt, indem er die Nahrung verwertet, in der er angesiedelt wird und sie in Säure und Alkohol umwandelt. In diesem Rezeptbuch dreht es sich dabei um Bakterien- und Hefearten, die als Probiotika bekannt sind. Die Nahrung, die von den Probiotika verzehrt wird, stammt aus einer Form von Zucker: Rohrzucker, Honig, Milchlaktose oder Fruktose aus Früchten.

Milchsäure, die Säure, die während der Fermentation produziert wird, hilft bei der Herstellung der richtigen Säurebalance in Ihrem Magen, entweder durch Anhebung oder durch Senkung der Säuremenge. Zu wenig oder zu viel Magensäure kann unangenehm sein. Fermentierte Nahrungsmittel schaffen hier eine Balance, die für die richtige Verdauung angemessen ist. Mit zunehmendem Alter geht die Produktion von Verdauungsenzymen zurück; daher sind fermentierte Nahrungsmittel und Getränke für ältere Menschen besonders nützlich.

Ein weiteres Resultat der Fermentation ist Acetylcholin, das als Neurotransmitter wirkt, sowohl im peripheren als auch im zentralen Nervensystem. Dieser Neurotransmitter ist für viele komplizierte Aufgaben verantwortlich wie zum Beispiel die Muskelkontraktion, das Aufrechterhalten gesunder Darmbewegungen und die Informationsübermittlung von einer Gehirnhälfte auf die andere. Tag für Tag hilft uns Acetylcholin bei der Konzentration, der Erinnerung und der Minderung der Reizbarkeit. In diesem Sinn ist Acetylcholin wichtig für das Erwerben und Behalten von Informationen. Studien haben gezeigt, dass Alzheimerkranke geringere Mengen von Acetylcholin haben; deshalb wird die Krankheit mit einer synthetischen Form dieses Neurotransmitters behandelt.

Ähnlich wie beim Weinkeltern und Bierbrauen werden die Zucker, die zu Beginn der Fermentation vorhanden sind, so umgesetzt, dass das fertige Getränk sehr viel weniger Zucker enthält als am Anfang des Prozesses. Genauso wie Wein und Bier enthalten die meisten wasserbasierten probiotischen Getränke eine kleine Menge Alkohol. Aus diesem Grund ist Vorsicht geboten, wenn man Kindern den Genuss selbst gemachter probiotischer Getränke erlaubt, insbesondere dann, wenn die Getränke stark gebraut werden.

Im Allgemeinen – je nach Nahrungsmittel oder Getränk – variieren Zeitaufwand und ideale Temperatur für die Fermentation. Joghurt und Kefir zum Beispiel brauchen für die Fertigstellung bis zu 24 Stunden, während Ingwerbier einige Wochen dauert und Kombucha fünf bis sieben Tage benötigen kann. Im Wesentlichen hat jede Bakterien- und Hefeart ihren eigenen Bedarf, und der Spaß und zugleich die Herausforderung bei der Herstellung besteht darin, ihre jeweiligen idealen Bedingungen herauszufinden, um schließlich ein erstklassiges Getränk zu produzieren.

Sekundäre Fermentation

Während die meisten wissen, was Fermentation ist, scheint der Prozess der sekundären Fermentation weniger bekannt zu sein. Sekundäre Fermentation ist genau das, was der Begriff besagt: eine zweite Runde der Fermentierung, nachdem das Getränk bereits eine erste Fermentation hinter sich hat. Die sekundäre Fermentation ist kein notwendiger Schritt beim Brauen probiotischer Getränke, aber sie ist typisch dafür, wie die Getränke ihre köstlichen Aromen und ihren sprudelnden Charakter erhalten. Währen der ersten Fermentation wird der größte Teil des Zuckers – möglicherweise auch alles – von den Probiotika konsumiert, deshalb ist für die zweite zusätzliche Nahrung (Zucker oder Früchte) erforderlich.

Welchen Zweck hat die sekundäre Fermentation? In Bezug auf die Starter ermöglicht sie den Probiotika weiteres Wachstum, sodass das Getränk reicher an guten Bakterien wird. Außerdem bekommen die meisten probiotischen Getränke durch die sekundäre Fermentation ihr Aroma. Es ist natürlich vollkommen akzeptabel und köstlich, probiotische Drinks nach dem Abschluss ihrer ersten Fermentation zu konsumieren, aber Bestandteile wie Früchte, Süßungsmittel (Zucker oder Honig), Tee, Kräuter und/oder essbare Blumen werden dem Getränk vor der zweiten Fermentation beigefügt, was zu gut schmeckenden, tollen und sprudelnden Drinks führt, die an jeden Geschmack angepasst werden können.

Die Getränke, die ich sehr gerne einer sekundären Fermentation unterziehe, sind Kombucha, Jun, Ingwerbier und Kefir-Soda. Ich finde eine zweite Fermentation unnötig, soweit es um milchsaure Limonade, Saft aus angebautem Gemüse, milchbasierten Kefir, Joghurt und Rejuvelac geht.

Probiotische Drinks zu Hause herstellen

Womit beginnen?

Wenn jemand noch keine Erfahrung mit der Fermentation machen konnte, dann kann dieser Prozess entmutigend und im negativen Sinn überwältigend erscheinen. Ich versichere Ihnen, dass das nicht so sein muss! Am besten suchen Sie sich für den Start einen Abschnitt in diesem Buch, der Sie interessiert. Essen Sie täglich Joghurt und würden Sie gerne versuchen, ihn selbst herzustellen? Dann fangen Sie mit dem Kapitel über Joghurt oder Kefir an! Vielleicht haben Sie sich im Laden Kombucha gekauft und jetzt könnte ihr Geldbeutel etwas Schonung vertragen, denn – autsch – Kombucha kann teuer werden. Der Abschnitt über Kombucha oder Jun hilft Ihnen beim Sparen, ermöglicht Ihnen selbst die Gestaltung Ihres Lieblingsgeschmacks und versorgt Sie mit einem gesunden Produkt, das Ihren Geist anregt. Wenn Sie einen Drink ausgewählt haben, müssen Sie vermutlich einige Einkäufe machen, damit Sie die richtigen Mittel für die Fermentation haben.

Utensilien

Jedes Getränk erfordert einige Hilfsmittel, die Sie teilweise schon zu Hause haben. Nach der Auswahl eines Getränks für die Fermentation gleichen Sie Ihre Bestände mit den Anforderungen des jeweiligen Abschnitts ab. Bevor Sie mit der Fermentation beginnen, sollten Sie die Anleitung sorgfältig lesen und sich vergewissern, dass Sie über alles Notwendige verfügen. Verglichen mit dem Bierbrauen oder dem Weinkeltern ist die Ausrüstung für die Drinks in diesem Buch sehr preisgünstig und die entsprechenden Instrumente können auch für andere Kochvorgänge oder für Lagerungszwecke jenseits der Fermentation verwendet werden.

Ich liefere in jedem Abschnitt eine Liste von Küchenutensilien, die für die Zubereitung des Getränks erforderlich sind. Im Verlauf Ihrer Praxis lernen Sie, welche Instrumente für Sie am nützlichsten sind und Sie werden wahrscheinlich Ihre Fermentationsinstrumente ergänzen bzw. austauschen. Generell brauchen Sie einen (oder mehrere) große Glaskrüge oder entsprechende andereGefäße, Küchen- oder Baumwolltücher, elastische Gummiringe, Zucker, Tee, Glasflaschen mit luftdichten Verschlüssen (Schraub- oder Klappverschluss) und Zugang zu Quell- oder Brunnenwasser. Quellwasser können Sie in großen Krügen im Lebensmittelladen kaufen; es ist die beste Grundlage für die Fermentation von probiotischen Getränken, es sei denn, Sie hätten einen eigenen Brunnen. Um Ihre Fermentationspraxis möglichst kosteneffektiv zu gestalten, betätigen Sie sich als cleverer Käufer und vergleichen Sie die Preise von Krügen, Flaschen oder Töpfen in Kaufhäusern und im Onlinehandel.

Sie können natürlich alle Drinks in diesem Buch in ihrer Originalzusammensetzung genießen, aber wenn Sie sie mit Ihrem Lieblingsaroma verfeinern, nehmen ihre selbst gemachten Getränke eine einzigartige und quasi künstlerische Qualität an und schmecken noch besser! Kombinationen aus verschiedenen Früchten, Kräutern, Gewürzen, Tees, Blumen und Süßungsmitteln bieten zahllose Möglichkeiten.

In jedem Abschnitt liefere ich Rezepte, mit denen Sie Ihre selbstgemachten probiotischen Getränke aromatisieren können. Denken Sie daran, dass Süße, Stärke und Dauer der Brauzeit den Geschmack des Getränks zunächst bestimmen – bevor Sie weitere Bestandteile hinzufügen. Deshalb können Sie davon hinzufügen oder weglassen so viel Sie möchten, ganz nach Ihrem Geschmack. Wenn nicht anders vermerkt, empfehle ich die Verwendung frischer, saisonaler Produkte für jedes Rezept im Buch. Im Folgenden sehen Sie eine Liste saisonanaler Früchte.

Winter	Dezember, Januar, Februar	Klementine, Dattel, Grapefruit, Kiwi, Maracuja, Birne, Dattelpflaume, Rote Johannisbeere, Mandarine
Frühling	März, April, Mai	Aprikose, Zimtapfel, Kirsche, Honigmelone, Jackfrucht, Limone, Litschi, Mango, Orange, Ananas, Erdbeere
Sommer	Juni, Juli, August	Aprikose, Schwarze Johannisbeere, Brombeere, Blaubeere, Boysenbeere, Melone, Kirsche, Durianfrucht, Holunderbeere, Feige, Grapefruit, Traube, Honigmelone, Jackfrucht, Saure Limone, Litschi, Maulbeere, Nektarine, Maracuja, Pfirsich, Pflaume, Himbeere, Erdbeere, Wassermelone
Herbst	September, Oktober, November	Apfel, Preiselbeere, Traube, Guave, Heidelbeere, Saure Limone, Kumquart, Maracuja, Birne, Dattelpflaume, Ananas, Granatapfel
Früchte, die ganzjährig gut sind: Apfel, Avocado, Banane, Kokosnuss, Zitrone		

Beachten Sie, dass reine Fruchtsäfte (100%) für die sekundäre Fermentation aller wasserbasierten Getränke in diesem Buch verwendet werden können. Während Sie mit Fruchtsaft die Drinks schnell, einfach und preiswert aromatisieren können, sind Säfte stark zuckerhaltig und weniger gesund wie frische Früchte. Außerdem habe ich festgestellt, dass das Belassen des Fruchtfleisches in der Flasche während der sekundären Fermentation die Sprudelbildung des Getränks unterstützt. Mit einem kommerziellen Fruchtsaft ist es schwieriger, im Verlauf der sekundären Fermentation ein sprudelndes Getränk zu entwickeln.

Nützliche Maße

1 Liter	etwa 4 Tassen

Zutat	Tassen/Esslöffel/ Teelöffel	Gramm/Milliliter
Früchte oder Gemüse, zerkleinert	1 Tasse	145-200 Gramm
Honig oder Ahornsirup	1 Esslöffel	20 Gramm
Flüssigkeiten: Sahne, Milch, Wasser oder Saft	1 Tasse	250 Milliliter
Gewürze: Zimt, Knoblauch, Ingwer oder Muskat (Pulver)	1 Teelöffel	5 Milliliter
Zucker, braun, fest gepackt	1 Tasse	200 Gramm
Zucker, weiß	1 Tasse/1 Esslöffel	200 Gramm/12,5 Gramm
Vanilleextrakt	1 Teelöffel	4 Gramm

Brauen bis zur Perfektion

Es kann durchaus schwierig sein, bei jedem Brauen probiotischer Getränke genau dasselbe Ergebnis zu erzielen. Auch wenn Sie dieselben Ingredienzien für die sekundäre Fermentation verwenden, kann sich der Geschmack aufgrund von Temperaturentwicklungen, dem Verhältnis zwischen vorhandenem und beigefügtem Zucker, der Reife der Kulturen usw. verändern. Alle diese Faktoren spielen für das fertige Getränk eine kausale Rolle. Auf den folgenden Seiten liste ich spezifische Aromen auf, die Sie beim Genuss fermentierter Getränke kennenlernen werden und ich zeige auf, wie es zu diesen Aromen kommt, sodass Sie Ihre Braumethoden entsprechend ihren Geschmacksvorlieben beibehalten oder ändern können.

Trocken: Wenn ein Getränk trocken (nicht süß) schmeckt, sind die Zucker durch die Kultur umgesetzt worden und es bleibt nur noch wenig Restzucker. Manche bevorzugen trockene Getränke, andere mögen ihre Drinks eher süß. Um zu verhindern, dass ein Getränk trocken wird, sollten Sie den Brauvorgang sorgfältig überwachen und den Drink während der primären oder sekundären Fermentation abschmecken, damit der Süßegrad Ihren Vorstellungen entspricht. Um die Süße während der primären Fermentation zu prüfen, entnehmen Sie etwas Flüssigkeit mit einem keimfreien Löffel oder einem kleinen Glas. Während der sekundären Fermentation können Sie eine Flasche nach 24 Stunden öffnen, um festzustellen, ob Ihnen die Süße zusagt. Sobald die gewünschte Süße erreicht ist, beenden Sie einfach den Brauvorgang, indem Sie den Drink abfüllen und kühlen.

Süß: Alle Getränke in diesem Buch enthalten Zucker, aufgrund des natürlichen Vorkommens (wie zum Beispiel Laktose in Milch oder Kohlenhydrate in Gemüse) oder als Zugabe zum Zweck der Fermentation. Wenn die Fermentation eines Getränks abgeschlossen ist, ist ein Großteil des Zuckers umgesetzt worden, sodass es weniger süß ist als zu Beginn der Fermentation.

Wenn ein Drink am Ende der Fermentation süß schmeckt, dann basiert das darauf, dass die Probiotika und Hefen nicht den gesamten Zucker konsumiert haben, d. h. es kann noch weiter fermentiert werden, wenn das gewünscht wird. Wenn Sie süßere Drinks bevorzugen, können Sie weitere Süßungsmittel wie Rohrzucker, Honig oder Früchte hinzufügen, um das Getränk zu süßen; aber das sollte erst nach dem Ende der primären Fermentation geschehen, weil zu viel Zucker zu Beginn der Fermentation die Kulturen abtöten kann.

Säuerlich: Manche Getränke wie etwa Kombucha, Kefir und Säfte aus angebautem Gemüse haben ein säuerliches Element, als geschmackliches Nebenprodukt der Fermentation. Verwechseln Sie den säuerlichen Geschmack bitte nicht mit Fäulnis; viele der Getränke in diesem Buch schmecken säuerlich, wenn sie richtig fermentiert wurden. Je stärker ein Getränk fermentiert ist, desto säuerlicher schmeckt es.

Um ein Getränk säuerlicher zu machen, verlängern Sie den Brauvorgang, aber achten Sie auf die Brauzeit, denn Sie könnten die Probiotika verhungern lassen, wenn sie zu wenig Zucker bekommen. Kontrollieren Sie auch den pH-Wert des Getränks; wenn er zu säurehaltig ist, kann er Ihr Verdauungssystem schädigen.

Sahnig: Sahniger Geschmack wird normalerweise mit Molkereiprodukten in Verbindung gebracht; folglich ist es nur natürlich, dass Kefir und Joghurt einen sahnigen Geschmack und eine sahnige Struktur haben. Aber es gibt auch noch andere Getränke, die einen sahneähnlichen Geschmack aufweisen und sich im Mund auch so ähnlich anfühlen. Ingwerbier zum Beispiel kann sahnig schmecken, wenn es nicht übermäßig trocken ist (d. h. das Ingwerbier ist noch süß und die Probiotika haben nicht den gesamten Zucker konsumiert). Jun kann auch sahnig schmecken, bedingt durch das Aroma der Probiotika nach deren Honigumsatz.

Hefig/zitronenartig: Die meisten Getränke in diesem Buch haben ein leicht zitronenartiges bzw. hefeartiges Aroma, als definitives Anzeichen von Fermentation, denn es belegt die Hefepräsenz. Hefen in probiotischen Drinks verhalten sich ähnlich wie Brothefen. Sie verbrauchen Zucker, wachsen und schmecken ähnlich wie Brothefen. Hefe- und Zitronenaroma sind leicht feststellbar in Rejuvalec, Wasserkefir (oder Kefirsoda), Saft von angebautem Gemüse und Ingwerbier, aber sogar milchbasierter Kefir und andere Getränke können leicht hefeartig schmecken.

Sprudelnd: Wenn man Fermentation und natürliche Karbonisierung diskutiert, wird meistens der Begriff „sprudelnd" verwendet. Alle Getränke in diesem Buch sind mehr oder weniger sprudelnd, einschließlich milchbasiertem Kefir und Joghurt.

Die am stärksten sprudelnden Drinks sind Kombucha, Kefirsoda und Ingwerbier; sie können genauso stark sprudeln wie Mineralwasser.

Das Sprudeln wird typischerweise während der sekundären Fermentation erreicht, durch die ergänzende Zugabe von Zucker und die Versiegelung der Flüssigkeit in luftdicht verschlossenen Flaschen. Die Bakterien und Hefen geben Gase ab, die sich nach der Flaschenabfüllung bilden, und dieser Druck führt zur natürlichen Bildung von Kohlensäure. Seien Sie nicht überrascht, wenn Saft von angebautem Gemüse, Rejuvalec und milchsaure Limonade leicht sprudelig werden; es handelt sich um eine normale Folge der Fermentation.

Bei Drinks, die für die sekundäre Fermentation in verschlossene Glasflaschen gefüllt werden, müssen Sie besonders aufmerksam sein. Je länger die Flüssigkeit fermentiert wird, desto stärker sprudelt das Getränk, d.h. die Flasche kann explodieren, wenn das Getränk zu lange fermentiert wird. Beachten Sie bitte auch, dass die Kühlung die Fermentation zwar verlangsamt, aber nicht stoppt, sodass probiotische Drinks im Kühlschrank weiter fermentiert werden und stärker sprudeln. Um Ihre gewünschte Sprudelstärke zu erreichen, müssen Sie die sekundäre Fermentation genauso lange zulassen, bis die Bildung von Kohlensäure beginnt und dann das Getränk ein paar Tage kühlen, bevor Sie es trinken. So kann der Drink weiter fermentieren, während ein zu starker Druck verhindert wird.

Vorsichtsmaßnahmen

Jede selbst gemachte Fermentation eines Getränks kann riskant sein. Wenn Sie aber den Anweisungen in diesem Buch folgen und vorsichtig mit Ihren Probiotika umgehen, brauen Sie nicht nur köstliche probiotische Drinks; Sie werden auch die Befriedigung erfahren, zu Hause etwas wirklich Cooles und Gesundes hergestellt zu haben! In jedem Abschnitt des Buches werden die jeweiligen Risiken bei der Zubereitung des Getränks dargestellt und es wird erläutert, wie Sie Fehler vermeiden.

Sauberkeit

Es ist wichtig, dass alles, was Sie für die Fermentation von probiotischen Getränken verwenden, keimfrei sauber ist. Durch eine gesunde Umgebung für die Probiotika sichern Sie nicht nur deren Überleben, Sie vermeiden auch Vergiftungen und erzielen ein hochwertiges Produkt. Lesen Sie die Anweisungen in jedem Abschnitt sorgfältig und vertrauen Sie Ihren Instinkten.

Wenn Sie mehr als einen probiotischen Drink gleichzeitig fermentieren

Sie könnten ehrgeizig werden und sich entschließen, mehrere Arten probiotischer Getränke gleichzeitig herzustellen. Dann besteht die Wahrscheinlichkeit, dass Sie überall in Ihrem Haus verstreut Krüge und Töpfe stehen haben. Sorgen Sie dann dafür, dass die unterschiedlichen Arten fermentierter Getränke möglichst weit voneinander entfernt platziert sind (mindestens fünf Meter). Stämme von Probiotika gelangen während der Fermentation nämlich in die Luft, und wenn der Stamm des einen probiotischen Getränks auf einem anderen landet, kann dessen Kultur verändert werden und sich in etwas völlig anderes verwandeln. Um die Reinheit Ihrer Kulturen zu erhalten, bewahren Sie sie entfernt voneinander auf.

Gemüsesaft

Über Gemüsesaft

Wenn auch süße, fruchtige probiotische Drinks größeres Interesse wecken als fermentierter Gemüsesaft, sind die Rezepte in diesem Abschnitt so mit Nährstoffen und Probiotika gefüllt, dass sie jeden anderen fruchtgefüllten probiotischen Drink übertreffen. Wenn Sie Getränke mit optimaler Reinigungswirkung, mit vielen Vitaminen, Mineralien und Antioxidanzien suchen, dann lesen Sie diesen Abschnitt!

Andere Kulturen, insbesondere osteuropäische und indische, haben viel mehr Erfahrung mit salzigen, sauren, fermentierten Gemüsesäften. Berichte, die viele hundert Jahre alt sind, zeigen, dass Getränke wie Rote-Bete-Kwass sicherer waren als klares Wasser, weil die Probiotika gefährliche Bakterien und Krankheitserreger im verseuchten Wasser neutralisieren.

Seit einiger Zeit schenkt man fermentierten Lebensmitteln große Aufmerksamkeit – und mit gutem Grund. Bei der Fermentation von Gemüse werden die natürlichen Zucker von den Probiotika konsumiert und in Kohlendioxid und organische Säuren verwandelt. Dieser Prozess führt zu Gemüsen, die als „vorverdaut" betrachtet werden können, d. h. die Probiotika haben bei der Zerlegung der Kohlenhydrate geholfen, sodass die Gemüse leichter zu verdauen sind. Die Flüssigkeit, die die fermentierten Gemüse umgibt, ist ebenfalls voller Enzyme und Nährstoffe und hilft unserem Verdauungssystem beim Aufspalten der Nahrung, wobei sie zugleich Verdauungsprobleme verhindert.

Die Fermentierung von Gemüsen ist sehr einfach. Sie brauchen dafür lediglich eine Auswahl von rohem, geschnittenem Gemüse, Wasser und Salz. Auf dieser Basis können Sie verschiedene Gewürze, Kräuter und/oder Wachstumsstarter wie Molke, Kefirstarter oder Gemüsesaftstarter hinzufügen. Molke können Sie herstellen, indem Sie Joghurt mit Hilfe von Stofftüchern strecken (präzisere Hinweise dazu finden Sie im Abschnitt über milchsaure Limonade), und gefriergetrocknete Starter können Sie im Bioladen oder im Internet kaufen. Generell reicht für die Fermentierung eine Tasse Molke oder ein Päckchen gefriergetrockneter Starter (ungefähr fünf Gramm) auf vier Liter Flüssigkeit.

Beachten Sie, dass es unzählig viele Variationen von Gemüsesaft gibt, sodass die Gemüseauswahl ganz nach persönlichem Geschmack und Ernährungsbedarf erfolgen kann. Die Verwendung von stärkehaltigem Gemüse oder solchem mit hohem Zuckergehalt liefert die besten Ergebnisse, weil sie den Hefen und Probiotika reichlich Nahrung zum Verzehr bieten. Gemüsearten wie Kohl, Rüben, Karotten, Gurken, Kürbis, Rettich, Ingwer, Zwiebeln, Knoblauch und Blumenkohl sind für das Marinieren und die Herstellung von fermentiertem Gemüsesaft gut geeignet. Indem Sie Meersalz, schwarze oder weiße Pfefferkörner, frischen Dill oder andere Kräuter, Senfmehl, Chilipulver oder andere Gewürze hinzugeben, können Sie den Geschmack herstellen, der Ihnen gefällt.

Fermentierte Lebensmittel, die Sie im Lebensmittelladen kaufen können, schmecken durchaus und haben auch einen gewissen Nahrungswert, sie enthalten aber eine geringere Nahrungsdichte als die selbst gemachten. Außerdem ist es schwierig, ein Produkt zu finden, das aktive Kulturen beinhaltet, weil gemäß dem Branchenstandard fast alle Lebensmittel pasteurisiert werden. Das Erhitzen von Gemüse oder Gemüsesaft tötet die Laktobazilli und löst die Enzyme auf, sodass der Drink aus probiotischer Sicht inaktiv gemacht wird. In diesem Sinn kann man Sauerkraut und Pickles aus dem Geschäft aufgrund ihres Geschmacks und einiger Gesundheitsvorzüge genießen, aber wenn Sie den Saft davon trinken, haben Sie nicht unbedingt dieselbe Verdauungsunterstützung wie durch den selbst gemachten.

Gesundheitsvorzüge von Gemüsesaft

Kennen Sie einen Freund oder ein Familienmitglied, das Pickles-Saft trinkt? Manche betrachten das als abstoßend, während andere es andere für ziemlich natürlich halten. Das Verlangen danach kann darauf beruhen, dass Ihr Körper einige der vielen gesundheitlichen Vorteile von fermentiertem Saft fordert. Wenn man die Nahrungsdichte berücksichtigt, wird es verständlich, warum man sich manchmal intensiv nach dem Genuss von Pickles-Saft oder einem Würstchen mit Sauerkraut sehnt. Das macht Sinn, denn fermentierte Nahrung und Gemüsesaft sind unglaublich …

1. *Feuchtigkeitsspendend*: Gemüsesaft enthält Elektrolyte (Kalium, Magnesium, Natrium usw.), die den Durst löschen und mehr Feuchtigkeit liefern als Wasser. Elektrolytische Drinks während des Sports sind sehr beliebt. Stellen Sie sich vor, um wieviel nahrungsreicher ein Glas Gemüsesaft im Vergleich mit stark gezuckerten Getränken aus dem Laden ist!
2. *Hilfreich für die Aufrechterhaltung eines glücklichen Verdauungssystems*: Gemüsesaft ist voller lebender Probiotika, Hefen und Enzyme, die gesunde Verdauungsbakterien aufbauen und unterstützen, bei der Zerlegung der Nahrung helfen und eine angemessene Nahrungsaufnahme sichern.
3. *Reich an Vitaminen und Mineralien*: Während des Fermentierungsprozesses werden die Vitamine und Mineralien im Gemüse in die Flüssigkeit übertragen, wodurch ein nährstoffreiches Elixier entsteht.
4. *Effektiv für die Behandlung verschiedener Störungen, Krankheiten und Infektionen*: Es ist bekannt, dass die Nährstoffe und Probiotika in rohem Gemüsesaft Verdauungsprobleme behandeln, die mit zu starkem (oder auch zu geringem) Wachstum von Hefen zusammenhängen, wie z. B. Hautpilz, Pilzinfektionen der Vagina, Geschwüren und Verstopfung.
5. *Köstlich*! Okay, Gemüsesaft kann gewöhnungsbedürftig sein, aber lassen Sie sich etwas Zeit und Sie werden ein Verlangen nach dem würzigen Geschmack verspüren!

Temperatur und Zeit

Je kühler es in Ihrem Haus ist, desto länger dauert die Fermentation von Gemüsesaft. Im Sommer brauchen Sie dafür weniger Zeit; achten Sie also auf den Fortschritt des Getränks. Wenn Sie dem Rezept einen Starter beifügen, geht die Fermentierung von Gemüsesaft schneller. Ohne Starter dauert die Fermentation mindestens vier Tage. Wenn Sie ein stärkeres Getränk wünschen, brauchen Sie mehr Zeit.

Probiotischer Kohl- und Karottensaft

In frischem Gemüse befinden sich natürliche Hefen und Mikroben, die wachsen und Probiotika produzieren, wenn sie fermentiert werden. Man kann praktisch jedes Gemüse fermentieren, aber die besten Fermentationsergebnisse liefern die Gemüsesorten mit hohem Zucker- und Kohlenhydratgehalt. Wenn Sie frisches Gemüse wie Kohl, Karotten, Rüben, Ingwer, Kürbis, Sellerie, Gurken, Knoblauch oder Blumenkohl zerkleinern und dann in Salzlake fermentieren, erhalten Sie Getränke mit vielen Vitaminen und Mineralien, die für die Verdauung sehr gesund sind.

Dieses Rezept enthält spezielle Bestandteile für einen Gemüsesaft, Sie können aber jegliche Gemüsesorten kombinieren, um Ihren Ernährungsbedarf und Ihre Wünsche zu befriedigen. In diesem Rezept sind Kohl, Karotten und Ingwer enthalten; daraus wird ein Drink, der das Verdauungssystem stark beruhigt, der leicht zu fermentieren ist und sich für jemanden, der sich damit noch nicht auskennt, bestens als Einführung in fermentierte Gemüsesäfte eignet.

Zutaten:

- ½ Kohlkopf, in Scheiben
- 3 Karotten, gerieben
- 1 Esslöffel Ingwer, gerieben
- 2 Teelöffel Meersalz
- Quell- oder Brunnenwasser für das Einweichen des Gemüses

Sie brauchen außerdem:

- Einen 2-Liter-Krug
- Ein Baumwoll- oder Küchentuch
- Einen Gummiring
- Einen langstieligen Löffel zum Umrühren

Zubereitung:

1. Geben Sie Kohl, Karotten, Ingwer und Meersalz in einen 2-Liter-Krug.
2. Füllen Sie den Krug mit Quell- oder Brunnenwasser.
3. Legen Sie das Baumwoll- oder Küchentuch über den Krug und befestigen Sie es mit einem Gummiring, damit der Inhalt vor Insekten geschützt wird.
4. Lassen Sie den Krug an einem warmen, dunklen Ort vier bis sechs Tage lang stehen, wobei Sie das Gemisch zweimal täglich umrühren. Auf der Oberfläche der Flüssigkeit bilden sich Blasen und grauer Schaum; das ist völlig normal und bedeutet nicht, dass das Getränk verdorben ist. Wenn der Saft fertig ist, schmeckt es etwas sauer, hefeartig und nach Essig (aber nicht verfault).

5. Trennen Sie den Saft vom Gemüse und trinken Sie ihn sofort oder füllen Sie ihn in einen verschließbaren Behälter oder eine Flasche um; dann können Sie ihn bis zu einer Woche im Kühlschrank aufbewahren.

Anmerkung:

Sie können mit demselben Gemüse einen zweiten Krug Gemüsesaft machen, aber er wird etwas schwächer sein und die Fermentierung wird eher sechs Tage dauern als vier. Als Alternative können Sie das gepökelte Gemüse essen, das köstlich schmeckt und Ihnen sehr gut tun wird.

Rote-Bete-Kwass

Rote-Bete-Kwass ist ein sehr nahrungsintensiver probiotischer Drink aus fermentierter Roter Bete. Dieses Getränk wird in Russland und anderen osteuropäischen Ländern sehr oft hergestellt und konsumiert. Wegen seines sauren, salzigen und erdigen Geschmacks ist es in den Vereinigten Staaten nicht beliebt, weil wir mehr an süße als an pikante Getränke gewöhnt sind. Kwass wird traditionellerweise aus altem Brot, Rosinen und anderen getrockneten Früchten gemacht, ergänzt um einen Gemüsestarter; aber man kann Rote-Bete-Kwass auch einfach aus roten Beten, Wasser und Salz herstellen. Oder die Fermentation wird durch Starter wie Molke, gefriergetrockneten Kefirstarter oder gefriergetrockneten Gemüsestarter unterstützt. Diese Starter beschleunigen die Fermentierung und reduzieren die erforderliche Salzmenge erheblich.

Dieses Getränk ist möglicherweise das nahrungsintensivste und gesündeste Getränk im gesamten Buch, aufgrund des Vitamin- und Mineraliengehalts der roten Bete, zusätzlich zu der hohen probiotischen Qualität. Rüben sind voller Antioxidantien, die Ihr Blut entgiften helfen und das Wachstum von Krebs- und Tumorzellen vermindern können. Darüber hinaus enthalten sie Folat, Mangan, Kalium, Balaststoffe und Vitamin C.

Rote Bete ist an sich schon sehr gesund, aber ihre Vorzüge werden durch die Fermentation noch verstärkt. Rote-Bete-Kwass hilft bei der Reinigung der Leber, schafft Verdauungsregelmäßigkeit, kann für die Behandlung von Nierensteinen verwendet werden und spendet mehr Feuchtigkeit als Wasser. Das Betacyanin in den Rüben erhöht die Sauerstoffmenge, die Blutzellen aufnehmen können und ist für seine blutreinigende Wirkung bekannt.

Wenn Ihnen der saure Geschmack von Rote-Bete-Kwass als ungenießbar erscheint, machen Sie sich keine Gedanken. Es ist ein gewöhnungsbedürftiger Geschmack, mit dem Sie auch Suppe, Bloody Marys (oder andere Gemüsecocktails) und Salatdressings ergänzen können, sodass sich Ihre Geschmacksnerven allmählich daran gewöhnen.

Zutaten:

- 1 große Rote Bete, in Zentimeterwürfel geschnitten (etwa 3 Tassen voll)
- 1 Esslöffel Meersalz
- 2 Liter Quell- oder Brunnenwasser

Sie brauchen außerdem:

- Einen Gummiring
- Einen langstieligen Löffel zum Umrühren
- Ein 3-Liter-Gefäß
- Ein Baumwoll- oder Küchentuch

Zubereitung:

1. Die Rote Bete gut abschrubben und in zentimetergroße Stücke zerkleinern.
2. Füllen Sie die zerkleinerte Rübe und das Meersalz in ein 3-Liter-Glas.
3. Füllen Sie das Gefäß mit Quell- oder Brunnenwasser und bedecken Sie es mit einem Baumwoll- oder Küchentuch, das Sie mit einem Gummiring befestigen.
4. Lassen Sie das Gefäß auf einem Tisch oder in der Speisekammer mindestens vier Tage und maximal zwei Wochen stehen, wobei Sie regelmäßig umrühren. Wenn Sie die Fermentation über ein paar Tage hinaus zulassen, bildet sich auf der Oberfläche Schimmel. Das ist normal. Der Schimmel kann abgeschöpft und das Getränk davon getrennt und getrunken werden. Wenn Sie Rote-Bete-Kwass noch nicht kennen, sollten Sie das Getränk beim ersten Mal nur ein paar Tage fermentieren und erst bei der nächsten Fermentation eine längere Dauer einplanen. Die Flüssigkeit sollte sauer schmecken – eher sauer als salzig. Die Flüssigkeit kann auch hefeartig sprudeln und ein bisschen schaumig sein. Der graue Schaum auf der Oberfläche ist kein Hinweis, dass das Getränk schlecht geworden wäre. Schöpfen Sie ihn einfach ab, rühren Sie um und lassen Sie das Getränk noch weiter fermentieren, bis es sauer und leicht sprudelig schmeckt.
5. Wenn das Getränk fertig ist, trennen Sie die Flüssigkeit von der Bete. Wenn Sie möchten, können Sie dem Rote-Bete-Kwass auch noch andere Säfte beifügen oder ihn mit Wasser verdünnen.

Kanji

Kanji ist einer der weltweit beliebtesten Gemüsesäfte. Es wird normalerweise aus fermentierten Karotten (vor allem roten Karotten) gemacht, zusammen mit Pökelgewürzen; es kann aber auch aus anderem Gemüse hergestellt werden, z. B. aus Roter Bete. Das Glas mit gepökeltem Gemüse bleibt einige Tage im direkten Sonnenlicht; in dieser Zeit geraten die natürlichen Enzyme, Hefen und Mikroben im Gemüse in Bewegung und vervielfachen sich.

Kanji stammt aus dem Norden Indiens, wo es auch am populärsten ist; hier sind saure und salzige Drinks weit verbreitet. Das dunkelrote Getränk wird oft als Aperitif oder zum Essen serviert. Kanji wird wie die anderen Getränke in diesem Buch von Probiotika bestimmt; diese helfen bei der Aufrechterhaltung einer gesunden Darmflora für geregelte Verdauung und Nahrungsaufnahme, sodass der Körper Nahrung, die normalerweise schwer zu verdauen ist, effektiver verarbeiten kann. Zusätzlich zu den Probiotika enthält Kanji viele Mineralien und Vitamine.

Zutaten:

- 2 mittelgroße Rote Beten
- 6 mittelgroße Karotten
- 2 ½ Esslöffel Senfmehl (oder frische Senfsaat)
- 1 Teelöffel Chilipulver
- 8 Tassen lauwarmes Wasser (Empfehlung: gefiltert oder Quellwasser)

Sie brauchen außerdem:

- Einen 3-Liter-Glaskrug
- Ein Baumwoll- oder Küchentuch
- Einen Gummiring
- Einen langstieligen Löffel zum Umrühren

Zubereitung:

1. Das Gemüse waschen und schälen. Es dann in dicke Streifen schneiden (wie Pommes frites), um maximale Oberflächen zu schaffen und in einen Glasbehälter geben.
2. Senfmehl und Chilipulver in das Glas hinzufügen.
3. Das lauwarme (gefilterte) Wasser in das Glas füllen und umrühren, bis sich Senf- und Chilipulver aufgelöst haben.
4. Die zerkleinerte Rote Bete und die Karotten hinzugeben.

5. Mit einem Deckel zudecken oder mit einem Küchentuch, das mit einem Gummiring befestigt wird.
6. Stellen Sie das Glas auf eine Fensterbank oder auf einen hellen Platz ins direkte Sonnenlicht.
7. Lassen Sie den Fermentierungsvorgang zwei bis drei Tage laufen, wobei Sie ein- bis zweimal täglich mit einem sauberen Holzlöffel umrühren.
8. Das Getränk ist fertig, sobald das Kanji sauer schmeckt, kleine Blasen vom Boden des Glasbehälters nach oben aufsteigen und sich oben ein blasiger Schaum bildet. Dieser Prozess sollte in einem warmen Haus nicht länger als drei Tage dauern und in einem kühlen Haus bis zu fünf Tage.
9. Gießen Sie die Flüssigkeit in ein Glas oder in Flaschen ab und essen Sie die Rote Bete und Karotten, wenn Sie möchten.
10. Kühlen Sie das Kanji im Kühlschrank und servieren Sie es dann sofort oder bewahren Sie es bis zu einer Woche in verschlossenen Flaschen auf.

Anmerkung:

Sie können die gepökelte Rote Bete und die Karotten essen oder für ein zweites Kanji verwenden, wobei eine zweite Fermentation etwas länger dauern wird.

Rejuvelac

Über Rejuvelac

Rejuvelac ist die Flüssigkeit, die aus gesprossenen Getreidekörnern gewonnen wird. Wenn gesprossene Getreidekörner in Wasser eingelegt werden und fermentieren, werden die natürlich vorkommenden Mikroorganismen im Getreide und die Hefe in der Luft zu dem probiotischen Getränk, das man Rejuvelac nennt. Rejuvelac ist eines der am schnellsten fermentierenden probiotischen Getränke. Der gesamte Prozess kann in drei Tagen abgeschlossen sein. Deshalb muss man das Rejuvelac während der Fermentierung genau beobachten – es kann in kurzer Zeit schlecht werden, wenn es zu lange angesetzt wird. Roggen ist das beliebteste Getreide für die Herstellung von Rejuvelac, weil er im Vergleich mit anderen Getreiden am besten schmeckt. Andere gute Getreide für Rejuvelac sind Buchweizen, Weizensprossen, Hafer, Gerste, Quinoa und Reis.

Während Rejuvelac dieselben positiven Verdauungseigenschaften hat wie jeder andere probiotische Drink in diesem Buch, ist der Geschmack gewöhnungsbedürftig. Das Aroma ist fein, leicht hefe- und zitronenartig. Die meisten genießen dieses Getränk mit frischem Zitronensaft oder gemischt mit hundertprozentigen Säften. Sie können es auch mit Smoothies kombinieren oder sogar zum vegetarischen Kochen verwenden.

Rejuvelac und vegane Ernährung

Rejuvelac können Sie als Getränk genießen, aber auch als Starter für die Fermentation von veganem Nusskäse, Joghurt und Saucen verwenden. Ein einfaches Rezept für veganen Nusskäse umfasst wenig mehr als rohe Cashewkerne und etwas Rejuvelac. Man kann sogar Sahnekäse imitieren, um gebackene vegane Desserts unter Verwendung von Rejuvelac zu kreieren.

Problemlösung

Das Sprießen der Getreide sollte nur ein paar Tage dauern. Wenn es länger dauert, könnten Ihre Getreide getoastet oder wärmebehandelt worden sein, sodass sie nicht mehr sprießen können. Sie sollten sich Getreide besorgen, das fürs Sprossenziehen geeignet ist. Solche Getreide finden Sie im Bioladen oder übers Internet.

Basis-Rejuvelac

Zutaten:

- 1 Tasse Roggenkörner*
- 1 Liter Quell- oder Brunnenwasser

* Probieren Sie auch Buchweizen, Weizensprossen, Hefe, Gerste, Quinoa oder Reis.

Außerdem brauchen Sie:

- 1,5-Liter-Krug oder Glas mit Schraubgewinde
- Ein Baumwoll- oder Küchentuch oder einen Sprossenschraubdeckel
- Gummiring

Zubereitung:

1. Geben Sie das Getreide in den Krug und füllen sie ihn mit Wasser. Das Getreide umrühren.
2. Bedecken Sie den Krug mit einem Baumwoll- oder Küchentuch, das Sie mit einem Gummiring befestigen (oder schrauben Sie einen Sprossendeckel auf das Glas). Lassen Sie das Glas bei Zimmertemperatur (am besten 21 Grad Celsius) über Nacht (bis zu zwölf Stunden) an einem dunklen Ort stehen.
3. Trennen Sie das Wasser mit dem Sieb vom Getreide und reinigen Sie das Getreide so gut, dass das ausfließende Wasser nicht mehr braun oder trüb ist. Schütteln Sie das Getreide im Sieb hin und her, bis alles Wasser entwichen ist. Wenn Sie das Getreide zurück in das Glas geben, sollte kein Wasser mehr vorhanden sein.
4. Füllen Sie das Getreide wieder ins Glas und bedecken Sie es. Stellen Sie das Glas wieder an einen dunklen Platz.
5. Alle acht Stunden reinigen Sie das Getreide und füllen es wieder ins Glas, wobei möglichst kein Wasser austreten sollte. Wiederholen Sie diesen Ablauf, bis das Getreide sprießt – aus den Körnern kommen kleine Spitzen. In einem warmen Haus sollte dieser Prozess eineinhalb bis zwei Tage dauern, in einem kühlen Haus bis zu drei Tage.
6. Sobald die Körner gesprossen sind, füllen Sie das Glas mit vier Tassen Wasser, bedecken es mit dem Küchentuch und dem Gummiband (oder einem Sprossendeckel) und lassen es zwei Tage an einem dunklen Ort stehen.
7. Die Flüssigkeit ist das Rejuvelac; es sollte leicht hefeartig (nicht faul) schmecken und etwas nach Zitrone. Die Flüssigkeit sieht transparent aus, ist aber leicht trüb. Vom Boden des Glases (wo sich das Getreide befindet) bewegen sich kleine Blasen zur Oberfläche. Das ist ein Anzeichen der Fermentierung.

8. Die meisten trinken Rejuvelac kalt; Sie sollten das Getränk also vor dem Trinken im Kühlschrank aufbewahren.
9. Jetzt können Sie dieselben Körner benutzen, um noch ein weiteres Glas Rejuvelac anzusetzen. Diese zweite Fermentation dauert nur einen Tag.

Rejuvelac & Saft

Rejuvelac hat für viele einen gewöhnungsbedürftigen Geschmack. Das Aroma kann leicht hefe- und zitronenartig sein. Wenn Ihnen der Geschmack von Rejuvelac nicht zusagt, gibt es gibt geschmackliche Alternativen! Fügen Sie eine Tasse hundertprozentigen Saft pro Tasse Rejuvelac hinzu, dann haben Sie einen tollen Geschmack und noch mehr gesundheitliche Vorzüge. Sie können auch einen Spritzer Zitrone hinzufügen, um ein erfrischendes Getränk zu bekommen!

Zutaten:

- 1 Tasse Rejuvelac (vgl. S. 33)
- 1 Tasse Saft, z. B. aus Preiselbeeren (vgl. Foto), Granatäpfeln, Äpfeln oder Blaubeeren

Zubereitung:

Gießen sie das Rejuvelac und den Saft in ein Glas oder eine Kanne. Umrühren und servieren!

Kombucha

Über Kombucha

Kombucha ist ein natürlich schäumender (oder „sprudelnder“) probiotischer Drink. Er stammt ursprünglich aus Nordwestchina und fand dann seinen Weg nach Russland. Danach gelangte Kombucha nach Deutschland, in die übrigen europäischen Länder und die gesamte Welt. Kombucha wird aus einem lebenden Organismus gewonnen, der SCOBY genannt wird [auf Deutsch hieße die Langform dieser Abkürzung „Symbiotische Kultur aus Bakterien und Hefe“]. Ein SCOBY wird oft als ein Pilz oder als „die Mutter“ bezeichnet. Es wächst, vervielfältigt sich, fermentiert und konsumiert Tee und Zucker. Die Probiotika und die Hefe verzehren den Zucker, sodass das Getränk fermentiert und zu einem säuerlichen Drink wird, der reich an Probiotika und leicht alkoholisch ist. Wie bei allen Rezepten in diesem Buch sollten Sie auch hier bei der Fermentation von lebenden Organismen umsichtig vorgehen.

Kombucha enthält Essigsäure – ein mildes natürliches Antibiotikum. Aufgrund der Säuerlichkeit von Kombucha können schlechte Bakterien in dieser Kultur nicht gedeihen, weil die Umgebung für ihr Überleben oder ihre Reproduktion nicht optimal ist. Damit haben die guten Bakterien alles für sich, während die schlechten chancenlos sind. Kombucha enthält auch Milchsäure und ist reich an B-Vitaminen, Folat und Antioxidantien.

Es wird behauptet, das Kombucha bei der Verdauung hilft, die Energie steigert, den Hunger vermindern und die pH-Balance im Verdauungstrakt herstellen kann. Es gibt nach wie vor viele Diskussionen darüber, ob wissenschaftliche Beweise für diese gesundheitlichen Vorzüge existieren. Ich möchte betonen, dass in diesem Buch nicht behauptet wird, dass Kombucha Ihre Gesundheit verbessert oder dass die angeblichen Vorzüge für alle Menschen gelten. Unabhängig davon schmeckt Kombucha aber hervorragend und die meisten Konsumenten berichten, dass es ihrer Verdauung Regelmäßigkeit verleiht und ihnen ein Wohlgefühl gibt.

Wenn Sie Kombucha oder ein anderes probiotisches Getränk im Lebensmittelgeschäft gekauft haben, konnten Sie zweifellos feststellen, dass es relativ teuer war. Ich habe mit dem Brauen von Kombucha begonnen, als ich täglich Kombucha trank und merkte, dass die Kosten meine Möglichkeiten überstiegen. Mit einer kleinen Startinvestition fing ich an, Kombucha zu brauen, und diese Investition hat sich mittlerweile hundertfach ausgezahlt.

Zunächst kann das Brauen von Kombucha schwierig erscheinen, aber lassen Sie sich nicht von der langen Liste von Hinweisen entmutigen. Es ist wirklich einfach, selbst gemachten Kombucha herzustellen, ich möchte Ihnen nur genug detaillierte Anweisungen geben, damit alles funktioniert.

Wie Sie beginnen

Um Kombucha zu brauen, brauchen Sie einige Küchenutensilien plus ein Kombucha SCOBY in der Starterflüssigkeit. Die Starterflüssigkeit ist ganz einfach ungewürztes Kombucha. Ein SCOBY können Sie über viele Online-Quellen beziehen. Lesen Sie die Kommentare und reden Sie mit anderen, denn die Qualität der SCOBY-Anbieter kann unterschiedlich sein. Wenn Sie sich entscheiden, Ihr SCOBY online gekauft haben, beginnen Sie möglichst bald mit dem Brauen, denn das SCOBY ist durch den Transport schon geschwächt und sollte bald seine Nahrung bekommen, und zwar in einer gesunden Umgebung.

Wie Sie Ihr SCOBY und den Kombucha gesund halten

Was bedeutet es, ein SCOBY gesund zu halten? Ich komme bei den Anleitungen darauf zurück, aber im Wesentlichen heißt es Folgendes:

1. Füttern des SCOBY durch eine Mischung aus Tee und Zucker; Schwarztee ist für das Brauen von Kombucha am besten, aber Sie können auch Grünen Tee nehmen. Gemischte Tees enthalten oft Schalen und andere Bestandteile, die für das Brauen von Kombucha nicht förderlich sind. Reiner Schwarztee ist optimal.
2. Belassen des Kombucha außerhalb des Sonnenlichts und an einem dunklen Ort; ein Schrankregal ist ein hervorragender Standort für das Brauen von Kombucha oder Jun.
3. Lassen Sie das SCOBY bedeckt, während zugleich Luftzugang besteht: Ein Küchen- oder Baumwolltuch, mit einem Gummiring befestigt, funktioniert bestens und hält Insekten fern.
4. Gewähren Sie ihm einen optimalen Temperaturbereich (von 23 bis 29 Grad Celsius).
5. Das Feuchthalten des SCOBY mit der Starterflüssigkeit. Ich empfehle mindestens fünf Zentimeter Starterflüssigkeit für ein 2,5 Zentimeter dickes SCOBY.

Mit jeder neuen Portion Kombucha, die Sie brauen, entsteht ein neues SCOBY. Es ist vollkommen in Ordnung, das SCOBY weiter wachsen zu lassen; ich finde aber mein SCOBY am gesündesten, wenn es etwa acht Zentimeter oder weniger dick ist. Sie können von Ihrem SCOBY Schichten abschälen und diese Freunden oder der Familie geben.

Dafür füllen Sie Starterflüssigkeit (die einfach Kombucha ist) und ein SCOBY in eine Plastiktüte. Verschließen Sie diese gut und gehen Sie sicher, dass das SCOBY gut steht und während des Transports kein direktes Sonnenlicht abbekommt.

Da das SCOBY vom Transport geschockt sein wird, müssen Sie es so schnell wie möglich aus der Tüte nehmen, damit es atmen kann. Informieren Sie auch die Personen, denen Sie das SCOBY geben, dass sie am Besten sofort eine Portion Kombucha brauen sollten, sobald sie das SCOBY im Haus haben.

Kombucha fermentieren

Wie bei jedem Fermentierungsprozess muss für die Ernährung der aktiven Probiotika und Hefen Nahrung vorhanden sein. Für Kombucha besteht diese Nahrung aus Tee und Zucker. Mit jeder Portion Kombucha, die Sie brauen, bildet sich ein neues SCOBY und dieses wächst so breit wie der Behälter, in dem es sich befindet. Wenn Sie zum Beispiel Ihre fünfte Portion Kombucha brauen, dann haben Sie inzwischen wahrscheinlich fünf Schichten SCOBY. Beim Brauen können Sie Ihr SCOBY wachsen lassen und Sie brauchen es nicht wegzuwerfen, solange es nicht dicker als acht Zentimeter ist.

Zusätzlich zu Tee und Zucker braucht Kombucha einen optimalen Temperaturbereich, um zu gedeihen. Für das Brauen von Kombucha liegt dieser Bereich zwischen 23 und 29 Grad Celsius. Sie können durchaus mit Temperaturen außerhalb dieses Spektrums experimentieren, aber wenn Sie unter 21 Grad oder über 26 Grad gehen, werden Sie den Unterschied bemerken. Niedrigere Temperaturen erfordern eine längere Brauzeit, während höhere Temperaturen die Fermentierung beschleunigen. Zu hohe Temperaturen können die Probiotika abtöten.

Der coole Teil beim Brauen von Kombucha besteht in der Geschmacksgestaltung. Sie können das Getränk natürlich schon in dieser Form trinken und auf die sekundäre Fermentation verzichten; aber ich habe zahlreiche Rezepte für jene beigefügt, die gerne sprudelndes, süßes Kombucha brauen wollen, das man das ganze Jahr über genießen kann. Beachten Sie, dass Kombucha erst dann gewürzt werden sollte, wenn es die erste Fermentation hinter sich hat, denn andere Beigaben als gesüßter Tee kann Struktur und Gesundheit der Probiotika verändern.

Was bedeutet sekundäre Fermentation und wie funktioniert sie?

Sekundäre Fermentation bedeutet die erneute Fermentierung eines Getränks, das bereits fermentiert wurde. Wenn Sie Kombucha zum ersten Mal fermentieren, verzehren die Bakterien und die Hefe den Zucker und den Tee, den Sie ihnen geben. Sobald all diese „Nahrung" von den Probiotika konsumiert worden ist, sind sie zu mehr bereit. An diesem Punkt setzt die sekundäre Fermentation ein.

Sofort nach der ersten Fermentation (bevor Sie das Kombucha in den Kühlschrank stellen), können Sie zusätzlichen Tee und Wasser hinzufügen und eine sekundäre Fermentation starten. Sie können aber auch verschiedene Früchte, Kräuter und ungiftige Blumen hinzugeben, um den Kombucha an Ihren Geschmack anzupassen. Wenn Sie zusätzliche Bestandteile hinzugefügt haben, können Sie den Kombucha in Flaschen füllen und bei Zimmertemperatur für zwei bis drei Tage an einem dunklen Ort aufbewahren; dann geht die Fermentierung weiter.

Sobald die Flaschen geschlossen sind, bildet sich etwas Druck und das Getränk wird sprudelig (mit natürlicher Kohlensäure versetzt). Wie bei der ersten Fermentation gilt auch jetzt: Je mehr

Zucker Sie hinzugeben, desto länger brauchen die Probiotika, um ihn zu verarbeiten. Wenn Sie Ihren Kombucha süß mögen, können Sie entweder mehr Zucker hinzufügen als erforderlich (Rohrzucker oder Obst) oder Sie lassen die sekundäre Fermentierung einfach nur ein bis zwei anstatt drei bis vier Tage laufen. Die Fermentierung wird langsamer, wenn Sie den Kombucha kühlen, aber sie hört nicht ganz auf.

Jetzt kommt der wirklich coole Part! In Abhängigkeit von den Bestandteilen der sekundären Fermentation erhalten Sie unterschiedliche Sprudelstärken. Ich habe festgestellt, dass zusätzliche säuerliche Früchte das Sprudeln verstärken. Auch das Belassen des Fruchtfleisches in den Flaschen während der sekundären Fermentation bringt mehr Sprudeln. Und wenn man die verschlossenen Flaschen vor dem Öffnen mindestens vierundzwanzig Stunden im Kühlschrank lässt, wird das Kombucha auch noch einmal sprudeliger.

Insgesamt: Um ein möglichst stark sprudelndes Kombucha zu bekommen (falls das Ihr Ziel ist), sollten Sie für die sekundäre Fermentation eine säuerliche Frucht nutzen und das Fruchtfleisch in den Flaschen lassen. Lassen Sie die Flaschen dann zwei bis drei Tage bei Zimmertemperatur stehen. Dann kühlen Sie die Flaschen vor dem Trinken ein bis zwei Tage lang. Beeren, Aprikosen und Ananas bringen nach meiner Erfahrung das prickelndste Kombucha. Denken Sie an die kürzere Dauer der sekundären Fermentation, wenn Sie einen eher süßen (weniger trockenen) Kombucha wünschen.

Da sich währen der sekundären Fermentation Druck und Sprudel bilden, halten Sie die Flaschen beim Öffnen bitte weg von Ihrem Gesicht. Wenn Sie gute Flipverschlüsse auf den Flaschen benutzen, wird bei einigen Flaschen die Kohlensäure beim Öffnen entweichen, wie bei einer Mineralwasserflasche, die hin- und hergerollt wurde. Öffnen Sie die Flaschen immer über dem Abflussbecken und richten Sie sie dabei nicht auf Ihr Gesicht oder etwas Zerbrechliches. Lassen Sie niemals ein Kleinkind eine Kombuchaflasche öffnen.

Kombucha und Allergien bzw. Detox

Ein kleiner Teil der Bevölkerung ist gegen Kombucha allergisch. Genaue Ursachen dieser Allergie sind nicht bekannt. Ähnlich einer Reinigung durch Säfte erleben manche nach dem Trinken von Kombucha eine Entgiftung. Das kann als allergische Reaktion wahrgenommen werden, aber es kann auch sein, dass sich der Körper so von Giften befreit. Symptome eines solchen Entzugs können Kopfschmerzen, verstärkte Darmbewegungen, eine laufende Nase und sogar Erbrechen sein. Wenn Sie eines dieser Symptome aufweisen, sollten Sie einen Arzt aufsuchen, bevor Sie weiterhin Kombucha trinken.

Selbst gemachten Kombucha sollten Sie nicht auf nüchternen Magen trinken. Wenn Sie nach dem Trinken von Kombucha jemals Magenschmerzen verspüren, kann es drei Ursachen haben: Ihre Charge ist schlecht geworden (unwahrscheinlich, es sei denn, Sie bemerken Schimmel oder unnormalen Geschmack); Sie haben zu viel Kombucha getrunken; oder Ihr Kombucha ist zu stark. Je nach den Bestandteilen, die Sie für die sekundäre Fermentation hinzugefügt haben, können bei manchen Menschen negative Reaktionen auf einen bestimmten Geschmack auftreten, während bei anderen Aromen keine Probleme auftreten.

Zwischen den Kombucha-Chargen eine Pause einlegen

Sie müssen nicht pausenlos Kombucha brauen. Wenn Ihr SCOBY wächst, können Sie eine Schicht davon abschälen und in einem zusätzlichen Behälter gleichzeitig eine zweite Charge Kombucha brauen. Dabei könnten Sie einen Punkt erreichen, an dem Sie mehr Kombucha gebraut haben als erforderlich – oder Sie sind das Brauen für den Moment einfach leid. Aber keine Angst, Sie müssen Ihr Kombucha-SCOBY deshalb nicht wegwerfen! Sie können Ihr SCOBY genauso aufbewahren, wie Sie Kombucha lagern: in einem Behälter, der mit einen Küchentuch und einem Gummiring verschlossen ist.

Sorgen Sie dafür, dass viel Starterflüssigkeit vorhanden ist, um das SCOBY feucht zu halten. Zweieinhalb Zentimeter Flüssigkeit für zweieinhalb Zentimeter SCOBY reichen aus. Sie brauchen diese Starterflüssigkeit, um Ihr SCOBY am Leben zu erhalten und auch für den Start Ihrer nächsten Portion, wenn Sie für einen neuen Brauvorgang bereit sind. Wenn Sie zwischen den Chargen einige Wochen Pause machen, prüfen Sie das SCOBY von Zeit zu Zeit, um festzustellen, ob noch genügend Starterflüssigkeit vorhanden ist.

Reinigung Ihrer Utensilien

Es ist wichtig, dass alles, was mit dem SCOBY und dem Kombucha in Kontakt kommt, keimfrei ist. Wenn sich an einem Ihrer Instrumente schädliche Bakterien befinden, kann damit Ihr Kombucha vergiftet werden. Sie können Ihre Utensilien in der Spülmaschine reinigen oder mit heißem Seifenwasser.

Den Behälter, den Sie für das Brauen von Kombucha verwenden, müssen Sie zwischen den Brauvorgängen nicht reinigen. Ich empfehle trotzdem, ihn regelmäßig zu säubern (ich reinige meinen immer nach drei bis fünf Chargen). Um den Behälter zu reinigen, gießen Sie die gesamte Kombuchaflüssigkeit in Flaschen, außer einer kleinen Menge, die Sie als Starter für Ihre nächste Portion verwenden. Geben Sie das SCOBY und die Starterflüssigkeit in ein Glas oder eine Schüssel und bedecken Sie es mit einem Küchentuch. Füllen Sie den Behälter mit sehr heißem Seifenwasser und benutzen Sie einen Schwamm, um jeden Rest von Kombuchakulturen zu beseitigen. Ich wiederhole diesen Vorgang mehrfach, um meinen Behälter keimfrei zu machen.

Sie können auch destillierten weißen Essig für die Reinigung des Behälters verwenden. Gießen Sie etwa eine halbe Tasse davon in den Behälter und schwenken Sie ihn ein bis zwei Minuten. Dann gießen Sie den Essig aus. Sie können den Behälter entweder mit sauberem Wasser säubern oder einfach so lassen. Ein kleiner Essigrest wird Ihrem SCOBY nicht schaden.

Jetzt können Sie eine neue Portion Kombucha ansetzen, indem sie zuerst Ihre Tee-Zucker-Mischung in den Behälter geben und dann vorsichtig (und mit sauberen Händen) die Starterflüssigkeit sowie das SCOBY zurück in den Behälter gießen. Schließen Sie den Behälter mit einem Küchentuch und einem Gummiring.

Den Geschmack Ihres Kombucha gestalten

Es ist nicht notwendig, Kombucha besondere Geschmacksnoten zu geben, wenn die primäre Fermentation einmal abgeschlossen ist, aber das Experimentieren mit Aromen ist bei Weitem der interessanteste Teil beim Brauen von Kombucha! Es gibt zahllose Möglichkeiten, dem Getränk Aroma, Spritzigkeit und Sprudel zu verleihen. Meine Lieblingszutaten, die ich für die sekundären Fermentation beifüge, sind frische Früchte und Kräuter; dadurch wird das Getränk sprudelig, bekommt genau die richtige Süße und steckt voller zusätzlicher gesunder Eigenschaften.

Für die sekundäre Fermentation sind auch reine Fruchtsäfte effektiv, obwohl sie nicht so wirksam sind wie frische Früchte; pro vier Liter Kombucha genügt eine Tasse Fruchtsaft. Kombucha mag Fruchtfleisch. Wenn es bei der sekundären Fermentation hinzugefügt wird, macht es das Getränk viel spritziger, .

Seien Sie vorsichtig in Bezug auf die Stärke Ihres Kombucha. Wenn er stark ist (d.h. der pH-Wert liegt unter 2,5), verdünnen Sie ihn mit zusätzlichem gesüßtem Tee, zusammen mit Obst oder anderen Zutaten, bevor Sie die sekundäre Fermentation starten. Dadurch hat Ihr Kombucha genügend Zucker und Tee für die weitere Ernährung der Probiotika im Verlauf einer effektiven sekundären Fermentation.

Für 4 Liter Kombucha brühen Sie normalerweise 4 Teebeutel in 4 Tassen Wasser auf und fügen etwas Zucker (eine viertel bis eine halbe Tasse) hinzu; das reicht für die Verdünnung, aber je nach Stärke können Sie auch mehr frisch aufgebrühten Tee nehmen. Kühlen Sie den Tee immer erst bis auf Zimmertemperatur ab (wie alle andren heißen Zutaten), bevor Sie ihn mit dem Kombucha mischen, denn starke Hitze würde die Probiotika töten.

Da Sie für Starterflüssigkeit Platz brauchen und oben im Gefäß noch etwas Platz bleiben muss, damit es nicht überläuft, wenn es bewegt wird, werden Sie mit einem 4-Liter-Gefäß keine vollen vier Liter brauen können. Die Flüssigkeitsmenge liegt eher bei drei Litern oder etwas weniger, je nachdem, wie dick Ihr SCOBY ist. Die meisten Leute brauen entweder vier Liter oder acht Liter Kombucha gleichzeitig, daher sind meine Kombucha-Rezepte an einer 4-Liter-Portion orientiert. Letztlich bringt also jedes Rezept in diesem Abschnitt gut drei Liter Kombucha, aber Sie können natürlich die Rezeptmengen verdoppeln, falls Sie das wünschen.

Seien Sie nicht überrascht, wenn …

Seien Sie nicht überrascht, wenn sich während der sekundären Fermentation in den Flaschen kleine

SCOBYS bilden. Weil die Probiotika und die Hefe weiter fermentieren, bilden sie eine Kolonie, die klar und klebrig ist und normalerweise etwa einen Liter umfasst. Wenn Sie davon versehentlich etwas trinken, passiert nichts Schlimmes, aber der schleimige Charakter im Hals ist nicht jedem angenehm. Benutzen Sie daher vor dem Trinken ein feines Sieb, um alles, was von Bakterien und Hefekolonien (bzw. dem für die Aromatisierung beigefügten Fruchtfleisch) gebildet wurde, herauszufiltern; dann können sie ein SCOBY-freies Getränk genießen.

Seien Sie nicht überrascht, wenn Ihr SCOBY lange braune Schlieren unter sich bildet. Das sind Hefekolonien, die wie Tang aussehen. Sie sind völlig normal und müssen weder gereinigt noch entfernt werden. Manche meinen, diese flauschig aussehenden Streifen seien ein Anzeichen, dass das SCOBY schlecht geworden sei; tatsächlich zeigen sie aber an, dass das SCOBY gesund und munter ist.

Eine Bemerkung zur Sicherheit

Wenn Sie nicht aufmerksam sind, können beim Kombucha-Brauen ein paar Dinge schief gehen. Wenn Sie erst anfangen, sollten Sie mehrere Informationsquellen nutzen, um den Brauvorgang besser kennenzulernen. Es ist sehr wichtig, alle eingesetzten Instrumente für den Herstellungsprozess sauber und das SCOBY gesund zu halten. Wichtig ist auch, dass Sie den Kombucha nicht in Keramik- oder Metallgefäßen oder -behältern aufbewahren.

Benutzen Sie Ihren gesunden Menschenverstand; dann wissen Sie, dass Fermentation ein lebendiger Prozess ist und dadurch auch variieren kann. Wenn Sie auch nur einen einzigen Schimmelfleck sehen, ziehen Sie sofort die Konsequenz und werfen Sie das SCOBY weg, wie auch die gesamte Kombuchaflüssigkeit. Machen Sie das Gefäß, in dem Sie gebraut haben, danach keimfrei sauber. Schimmel auf Kombucha sieht so ähnlich aus wie Brotschimmel – er ist normalerweise rund, weiß oder grün.

Ich habe unendlich viele Kombuchaportionen hergestellt und SCOBYS einen Monat lang in ihrer Starterflüssigkeit gelassen und habe dabei noch nie Schimmel entdeckt. Solange Sie die Zubereitungsanleitungen befolgen und Ihr SCOBY in einer gesunden Umgebung halten, können Sie darauf vertrauen, dass alles in Ordnung ist.

Schwangere oder stillende Frauen sollten Ihren Arzt fragen, bevor sie Kombucha trinken. Wegen der säuerlichen und leicht alkoholischen Natur von Kombucha sollten Kinder unter sechs Jahren ihn vielleicht nicht trinken.

Bevor Sie eine Portion Kombucha herstellen, lesen Sie bitte die Anleitung sehr sorgfältig. Wenn Sie Ihr SCOBY online gekauft haben, hat der Lieferant vermutlich eine Liste von Anweisungen beigelegt. Kombucha sollte niemals faul riechen oder schmecken. Es sollte leicht süß und etwas nach Essig schmecken und auch so riechen. Selbst gebrauter Kombucha ist im Allgemeinen wesentlich stärker als im Laden gekaufter, deshalb sind Duft und

Geschmack stärker als bei kommerziellem Kombucha. Das ist normal.

Selbst gemachter Kombucha kann so herb werden, dass er ähnlich wie Essig schmeckt. Der optimale pH-Wert von Kombucha sollte am Ende der Säureskala liegen, zwischen 2,5 und 4,5. Ein säuerlicher pH-Wert verhindert, dass der Kombucha mit schlechten Bakterien befallen wird. Ein pH-Wert unter 2,5 ist zu sauer für den menschlichen Geschmack und muss vor dem Trinken verdünnt werden. Wenn der pH-Wert Ihres Kombucha jemals unter 2,5 liegt, fügen Sie mehr Tee und Zucker hinzu, anschließend prüfen Sie erneut den pH-Wert, bevor Sie das Getränk in Flaschen füllen. Ein pH-Wert über 4,5 bietet eine optimale Umgebung für das Wachstum schlechter Bakterien.

Während es vollkommen in Ordnung ist, Kombucha jeden Tag zu trinken, raten die meisten davon ab, mehr als zwei Liter davon pro Tag zu trinken. Kommerziell produzierter Kombucha unterliegt vielen Tests und Kontrollen, sodass auch das Trinken größerer Mengen sicher ist. Da die meisten, die selbst Kombucha brauen (das gilt auch für mich), keine richtige Ausrüstung für pH- und Bakterientests haben, sollten Sie anfangs lieber weniger davon trinken und die Balance Ihres Verdauungssystems im Auge behalten.

Wenn Sie über den richtigen pH-Wert Ihres Kombucha besorgt sind, können Sie pH-Teststreifen kaufen, um einen Eindruck von der Stärke zu bekommen. Für eine exakte pH-Messung müssen Sie sich einen pH-Tester kaufen, denn die pH-Teststreifen können widersprüchliche Ergebnisse liefern. Sie müssen nicht von jeder Kombuchaportion den pH-Wert testen, aber es empfiehlt sich insbesondere dann, wenn Sie den Eindruck haben, dass Ihr Kombucha zu stark werden könnte.

Basis-Kombucha

Zutaten (für Ergebnisse unter 4 Liter Kombucha):

- 1 Kombucha SCOBY
- 4 (mindestens) Liter Quell- oder Brunnenwasser. Kein Leitungswasser verwenden, weil es wahrscheinlich Chloride bzw. Fluoride enthält.
- 10 Beutel Schwarz- oder Grüner Tee (ohne Zusätze)*
- 1 Tasse Rohrzucker

* Der Tee sollte reiner Schwarztee oder reiner Grüntee sein. Viele Hersteller fügen Schwarztee Orangenschalen bei, deren essentiellen Öle für das Brauen nicht gut sind. Für beste Ergebnisse sollten Sie zu 100 Prozent reine Tees verwenden.

Außerdem benötigen Sie:

- Einen großen Topf zum Wasserkochen
- Einen großen Glasbehälter (4,5 Liter oder mehr) für die Fermentation des Kombucha
- Einen langstieligen Löffel zum Umrühren
- Einen Thermometer
- Ein Küchentuch oder luftdurchlässiges Geschirrtuch
- Einen Gummiring
- Eine Glaskanne oder ein anderes Hilfsmittel für das Ausgießen aus dem Behälter in Flaschen oder das Gefäß, aus dem Sie den Kombucha trinken werden
- Ein kleines enges Sieb (wir benutzen ein Milchsieb aus Metall)
- Glasflaschen mit verschließbaren Deckeln. Schraubverschlüsse oder Kapseldeckel sind akzeptabel, wobei dunkles Glas besser ist, weil Kombucha kein Sonnenlicht verträgt.

Optional:

- Destillierten weißen Essig für die Reinigung Ihres Kombuchabehälters
- Erwärmungsgerät wie z. B. eine elektrische Heizfolie. Damit können Sie die Temperatur Ihres Kombucha aufrechterhalten, wenn Ihr Haus im Winter kalt ist.

- Heizkissen. Kann für das Einwickeln verwendet werden. In kalten Phasen kann das Einwickeln des Kombuchabehälters mit einer Heizdecke und das Wärmen durch ein Heizkissen Wunder wirken.

Wie Sie selbst Kombucha herstellen:

1. Machen Sie alles keimfrei, was Sie für die Herstellung von Kombucha benötigen. Das können Sie in der Spülmaschine tun oder durch Handwäsche in heißem Seifenwasser oder durch das Einlegen in destillierten weißen Essig oder im Backofen.
2. Kochen Sie Wasser. Wenn Sie 4 Liter Kombucha machen, brauchen Sie nur die Hälfte des Wassers aufkochen, um den Tee aufzubrühen. Das restliche Wasser können Sie später zum Tee dazu gießen, um das Abkühlen zu beschleunigen.
3. Übergießen Sie die Teebeutel mit dem heißen Wasser, lassen Sie den Tee 3 bis 5 Minuten ziehen und entfernen dann die Teebeutel.
4. Fügen Sie den Rohrzucker hinzu und rühren Sie gut um, damit er sich auflöst.
5. Lassen Sie den Tee auf etwa 23 bis 29 Grad Celsius abkühlen (oder fügen Sie das restliche Wasser hinzu, wenn Sie nur 2 Liter gekocht haben, sodass sich das heiße Wasser schneller abkühlt).
6. Sobald der Tee den optimalen Temperaturbereich erreicht hat, gießen Sie ihn in den großen Behälter um und fügen Sie das SCOBY hinzu (wenn Sie zum ersten Mal Kombucha machen und Ihr SCOBY online gekauft haben, nehmen Sie es einfach aus der Packung und schütten es hinein).
7. Wenn Sie ein haftendes Thermometer haben, das man an einer Oberfläche anbringen kann, kleben Sie es an die Außenseite des Behälters (optional).
8. Bedecken Sie den Behälter mit einem Baumwolltuch, sodass der Kombucha ständig atmen kann.

1. Vor dem Kochen Wasser in einen keimfreien Topf geben

8. und 9. Das Bedecken Ihres Krugs mit einem Küchentuch lässt den Kombucha während der Fermentierung atmen.

9. Befestigen Sie das Baumwolltuch mit einem Gummiring.
10. Stellen Sie den Behälter an einen dunklen Ort (Schrank), der relativ warm, ruhig und dunkel bleibt.
11. Lassen Sie den Kombucha fünf bis sieben Tage fermentieren (je länger er fermentiert, desto mehr Zucker verzehrt er und desto stärker wird er).
12. Prüfen Sie ständig die Temperatur. Für beste Ergebnisse sollte sie immer im Bereich 23 bis 29 Grad liegen. Es ist nicht tragisch, wenn sie unter 22 Grad sinkt, dann dauert der Brauvorgang einfach länger. Wenn der Kombucha über 30 Grad warm wird, können die Probiotika absterben. Wenn Sie Schimmel entdecken (sieht aus wie Brotschimmel … grün/weiß), entsorgen Sie das SCOBY und mit ihm die gesamte Kombucha-Charge.
13. Wenn Ihr Kombucha fertig ist, entfernen Sie das Baumwolltuch. *Anmerkung*: Sie werden feststellen, dass Ihr SCOBY dicker geworden ist – es wächst bis zur Breite des Behälters, in dem es sich befindet, und so entsteht ein zweites SCOBY. SCOBYS wachsen immer weiter. Sobald ein SCOBY dicker als fünf Zentimeter ist, empfehle ich, eine oder zwei Schichten abzuschälen und entweder wegzuwerfen oder einem Freund zu geben, zusammen mit etwas Starterflüssigkeit, sodass sie/er damit auch Kombucha brauen kann.
14. Wenn Ihr Kombucha die erste Fermentation abgeschlossen hat, können Sie ihn entweder in Flaschen füllen und das war‘s, oder Sie ergänzen weitere Zutaten, wie in den Rezepten dieses Buches angegeben. Ich finde es am einfachsten, die Kombuchaflüssigkeit aus dem Gefäß in eine kleinere Kanne zu gießen. Mit der Kanne (und/oder einem Trichter) können Sie den Kombucha dann leicht in Flaschen füllen.
15. Wenn Sie den Kombucha in Flaschen gefüllt haben, können Sie entweder eine neue Portion brauen oder eine Pause machen und das SCOBY und die Starterflüssigkeit in einem geeigneten Gefäß aufbewahren, das Sie mit einem Baumwolltuch und Gummiband abdecken. Solange SCOBYS sich in einer gesunden Umgebung befinden, können Sie zwischen verschiedenen Chargen monatelang stehen. Wenn Sie eine Pause machen, lassen Sie den Behälter einfach an einem warmen, dunklen und ruhigen Ort. Für ein etwa zweieinhalb Zentimeter dickes SCOBY nehme ich normalerweise etwa fünf Zentimeter Starterflüssigkeit.
16. Wenn Sie sich entschließen, weitere Bestandteile für eine sekundäre Fermentation hinzuzufügen, folgen Sie den Rezepthinweisen und lassen Sie die Flaschen mit dem aromatisierten Kombucha bei Zimmertemperatur zwei bis drei Tage an einem dunklen Ort stehen. In diesem Zeitraum ver-

zehren die Bakterie- und Hefekulturen den Zucker, den Sie hinzugegeben haben (Fruktose von dem Saft oder Rohrzucker), und fermentieren weiter. Dadurch wird das Kombucha etwas stärker und spritziger. Während der sekundären Fermentation bildet sich in jeder Flasche ein neues kleines SCOBY, das man vor dem Trinken ganz leicht mit einem Sieb abseien kann.

17. Stellen Sie den Kombucha vierundzwanzig Stunden in den Kühlschrank, bevor Sie ihn trinken, dann schmeckt er am Besten. Die kühlen Temperaturen verlangsamen die Fermentierung (obwohl das Getränk nicht komplett aufhört zu fermentieren) und machen es zugleich etwas sprudeliger.

18. Seien Sie kreativ bei der Geschmacksgestaltung und genießen Sie Ihren selbst gebrauten Kombucha!

Die aktiven Probiotica und Hefen im Kombucha ernähren sich von Tee und Zucker.

Granatapfel-Kombucha (Kombucha und Saft)

Zu den ersten Chargen Kombucha, die ich gebraut habe, fügte ich für die sekundäre Fermentierung 100 %ige Fruchtsäfte wie Granatapfel, Birne, Blaubeere und Preiselbeere dazu. Das ist eine sehr schnelle und einfache Methode, den Geschmack zu verfeinern und dem Kombucha zugleich Vitamine, Mineralien und Antioxidantien hinzuzufügen.

Allgemein reicht 1 Tasse Saft für etwa 4 Liter Kombucha, um den Kombucha durch die sekundäre Fermentation zu bringen. Granatapfel fügt süßen, herben Geschmack hinzu sowie Antioxidantien.

Zutaten (für etwas weniger als 4 Liter Kombucha):

- 1 Tasse 100 %igen Granatapfelsaft (oder Saft nach Wahl)
- 3 Liter Kombucha (vgl. S. 45)

Zubereitung:

1. Kombinieren Sie den Saft und den Kombucha in einer großen Kanne oder einem großen Behälter und rühren Sie gut um.
2. Gießen Sie den Granatapfelkombucha in verschließbare Flaschen und lassen Sie diese zwei bis drei Tage an einem warmen, dunklen Ort stehen, für zwei bis drei Tage sekundärer Fermentation.
3. Stellen Sie den Kombucha dann in den Kühlschrank, um die sekundäre Fermentation zu verlangsamen.

Anmerkung:

Wenn Sie dem Kombucha für eine sekundäre Fermentation Saft beifügen, ist das Ergebnis nicht ganz so sprudelnd wie bei der Hinzufügung frischer Früchte mit deren Fruchtfleisch. Während der sekundären Fermentation reagiert Kombucha stärker, wenn Bestandteile mit fester Struktur hinzugefügt werden. Trotzdem ist das Hinzugeben von Saft lecker, gesund und einfach!

Zitrone-Ingwer-Kombucha

Zitrone-Ingwer-Kombucha ist während der kalten und Jahreszeit besonders empfehlenswert. Nicht nur stärkt Kombucha das Immunsystem, sondern Zitrone und Ingwer bekämpfen auch mögliche Erkältungen. Und das Getränk schmeckt ausgezeichnet! In der Kombination ergeben Zitrone und Ingwer einen fast sahneartigen Geschmack.

Zutaten:

- 4 Tassen Wasser
- 3 Liter Kombucha (vgl. S 45)
- 3 Esslöffel frischer Ingwer, gerieben
- 3 Esslöffel frischer Zitronensaft
- ½ Tasse Rohrzucker

Zubereitung:

1. Das Wasser und den geriebenen Ingwer in einen Topf geben und aufkochen. Die Temperatur auf mittlere Hitze reduzieren und das Wasser etwa 5 Minuten lang kochen lassen, damit das Wasser das Ingweraroma aufnimmt.
2. Den Topf von der Herdplatte nehmen, Zitronensaft und Zucker hinzufügen und umrühren, damit sich der Zucker auflöst.
3. Den Topf stehen lassen, bis er auf Zimmertemperatur abgekühlt ist.
4. Wenn der Inhalt abgekühlt ist, geben Sie ihn in ein großes Gefäß und mischen Sie ihn mit dem Kombucha.
5. Kombucha und Ingwertee zusammen umrühren und dann in Glasflaschen füllen. Mit festem Deckel verschließen.
6. Lassen Sie die Flaschen zwei bis vier Tage an einem warmen Ort, damit die sekundäre Fermentation stattfinden kann. Wenn die sekundäre Fermentation abgeschlossen ist, stellen Sie den Kombucha in den Kühlschrank.
7. Wenn Sie Ihren Kombucha trinken möchten, gießen Sie ihn durch ein feines Sieb in ein Glas, um das Ingwerfruchtfleisch und das neu entstandene SCOBY abzutrennen. Werfen Sie das Fruchtfleisch weg und genießen Sie dieses gesunde Getränk!

Apfel-Zimt-Kombucha

Apfel-Zimt ist in den Herbst- und Wintermonaten mein liebster Kombuchageschmack. Die warmen Gewürze und die süß-säuerlichen Äpfel erschaffen ein tolles Getränk. Die Bestandteile dieses Getränks sind zu jeder Jahreszeit unkompliziert und einfach zu bekommen, und ich stelle gerne eine große Menge davon her, die ich dann wochenlang in Flaschen aufbewahren und genießen kann.

Zutaten:

- 4 Apfelteebeutel
- 4 Tassen Wasser
- 1 Teelöffel Zimtpulver
- ½ Tasse Zucker
- 100 Gramm getrocknete Apfelringe (ohne Konservierungsmittel)*
- 3 Liter Kombucha (vgl. S. 45)
- ⅛ Teelöffel Muskat

* Kaufen Sie Ihre getrockneten Apfelringe im Bioladen, damit Sie frei von Konservierungsmitteln sind. Die Liste der Inhaltsstoffe sollte für getrocknete Früchte sehr übersichtlich sein und es lohnt sich, etwas mehr zu bezahlen, damit der Kombucha gesund bleibt und keine ungünstigen Reaktionen hervorruft, weil überflüssige Chemikalien und andere Bestandteile enthalten sind.

Zubereitung:

1. Bringen Sie 4 Tassen Wasser in einem Kochtopf zum Kochen.
2. Nehmen Sie das Wasser vom Herd, fügen Sie die Apfel-Zimt-Teebeutel hinzu und lassen Sie den Tee 5 bis 8 Minuten ziehen.
3. Den Zucker hinzufügen und umrühren, bis er sich auflöst.
4. Stellen Sie den gesüßten Apfeltee zur Seite, bis er auf Zimmertemperatur abgekühlt ist. Sie können diesen Vorgang beschleunigen, in dem Sie ihn in den Kühlschrank oder in ein Eisbad stellen, bis er lauwarm ist.
5. Schneiden Sie die Apfelringe in Hälften und geben Sie zwei Hälften (einen Ring) in jede Flasche, bevor Sie sie mit Kombucha füllen. Verschließen Sie die Flaschen.
6. Lassen Sie die Flaschen zwei bis vier Tage an einem warmen, dunklen Ort, um sie die sekundäre Fermentation durchlaufen zu lassen.
7. Stellen Sie den Kombucha in den Kühlschrank. Vor dem Trinken beseitigen Sie das kleine SCOBY, das sich während der sekundären Fermentation in den Flaschen gebildet hat, mit einem Sieb.

Brombeer-Salbei-Kombucha

Die süß-säuerlichen Brombeeren verleihen dem Kombucha aktives Leben, denn Beeren verstärken das Sprudeln des Getränks und geben ein deutliches Aroma. Salbei gibt dem Getränk eine weiche Erdigkeit. Brombeeren enthalten viele Antioxidantien und Ballaststoffe. Sie helfen beim Verdauen, unterstützen die Herzgesundheit, schützen gegen Krebszellen und neurologische Krankheiten und vieles mehr. Salbei ist ein mit der Minze verwandtes Kraut mit vielen gesundheitlichen Vorzügen und medizinischen Verwendungen. Es wirkt entzündungshemmend, verbessert das Gedächtnis, kann als Antiseptikum verwendet wrden, hilft bei allergischen Reaktionen und Moskitostichen und ist voller Antioxidantien!

Zutaten:

- 20 Gramm Salbeiblätter, gereinigt (etwa 15 bis 20 große Blätter)
- 2 Tassen reife Brombeeren
- 1/3 Tasse Rohrzucker
- 3 Liter Kombucha (vgl. S. 45)

Zubereitung:

1. Erhitzen Sie die Brombeeren in einem Kochtopf, bedeckt, bei mittlerer Hitze. Wenn sich die Brombeeren erhitzen und weich werden, zerdrücken Sie sie mit einer Gabel.
2. Sobald sich ein breiiger Fruchtsaft bildet, fügen Sie Zucker und Salbei hinzu und bringen Sie das Ganze vorsichtig zum Kochen.
3. Gehen Sie herunter auf mittlere Hitze, bedecken Sie den Topf und lassen Sie alle Aromen etwa 15 bis 20 Minuten lang zusammenköcheln. Lassen Sie die Mischung aber nicht wirklich kochen, sonst wird sie zu dick.
4. Stellen Sie die Flaschen zwei bis vier Tage an einen warmen, dunklen Ort, sodass der Kombucha die zweite Fermentation durchläuft.
5. Kombinieren Sie den Kombucha und die Brombeer-Salbei-Mischung in einem großen Topf oder Gefäß. Mischen Sie alles gut durch, dann gießen Sie den Brombeer-Salbei-Kombucha in verschließbare Flaschen, einschließlich der Salbeiblätter und des Brombeerfruchtfleisches. Verschließen Sie die Flaschen.
6. Lassen Sie den Kombucha die zweite Fermentation durchlaufen, indem sie ihn zwei bis drei Tage an einem warmen, dunklen Ort aufbewahren. Beachten Sie, dass mit zunehmender Dauer des Kombuchabrauens von den Probiotika immer mehr Zucker verbraucht wird, sodass das Getränk herber und spritziger wird.
7. Nach Abschluss der sekundären Fermentation stellen Sie den Kombucha vierundzwanzig Stunden in den Kühlschrank. Dadurch wird die sekundäre Fermentation verlangsamt, aber der Kom-

bucha fermentiert weiter und wird mit zunehmender Aufbewahrungsdauer im Kühlschrank immer spritziger.

8. Vor dem Trinken des Kombucha benutzen Sie ein kleines, feines Sieb, um die Salbeiblätter, das Brombeerfruchtfleisch und alle kleinen SCOBYS, die sich während der zweiten Fermentation gebildet haben, zu entfernen. Genießen Sie Ihr Getränk!

Himbeer-Minze-Kombucha

Die Kombination von Himbeeren und Minze erzeugt ein süßes, leicht säuerliches und erfrischendes Getränk mit intensivem Geschmack. Frische Himbeeren werden mit Minzeblättern erhitzt, damit sich alle Aromen öffnen und übertragen. Himbeer-Minze-Kombucha ist ein tolles Getränk für jede Jahreszeit, aber vor allem für den Sommer, wenn die Himbeer-Saison läuft.

Zutaten:

- 180 g frische Himbeeren
- ½ Tasse Zucker
- ¼ Tasse Wasser
- 20 Gramm frische Minzeblätter, grob zerkleinert
- 3 Liter Kombucha (vgl. S. 45)

Zubereitung:

1. Entfernen Sie die Minzeblätter von den Stielen und zerreißen Sie sie in kleinere Stücke (halbe oder drittel Blätter)
2. Geben Sie die Himbeeren, die Minzeblätter, den Zucker und das Wasser in einen kleinen Kochtopf und erhitzen Sie alles auf mittlerer Flamme. Bringen Sie die Mischung zum Kochen.
3. Zerdrücken Sie die Himbeeren mit einer Gabel, sodass sie ihre Form verlieren.
4. Reduzieren Sie die Hitze auf schwach bis mittel und lassen Sie alles etwa 5 Minuten kochen, damit die Minze gut einwirken kann.
5. Nehmen Sie den Topf vom Herd und lassen Sie die Mischung auf Zimmertemperatur abkühlen. Um diesen Vorgang zu beschleunigen, können Sie alles in eine Schale oder ein Glas geben und in den Kühlschrank stellen.
6. Kombinieren Sie den Kombucha und die Himbeer-Minze-Mischung in einem großen Gefäß.
7. Rühren Sie alles um, bevor Sie den Kombucha in Flaschen füllen.
8. Wenn Sie am Boden ankommen, verteilen Sie das Fruchtfleisch und die Minze gleichmäßig auf die Flaschen.

9. Stellen Sie die Flaschen zwei bis vier Tage an einen dunklen, warmen Ort, damit die sekundäre Fermentation stattfinden kann.
10. Vor dem Trinken stellen Sie den Kombucha mindestens vierundzwanzig Stunden in den Kühlschrank. Wenn Sie ihn länger im Kühlschrank lassen, wird er Kombucha stetig herber und spritziger.
11. Vor dem Trinken des Kombucha entfernen Sie das neu entstandene SCOBY sowie die Himbeer- und Minzebestandteile mit einem feinen Sieb. Genießen Sie Ihr Getränk!

Jasmin-Kombucha

Obwohl für Kombucha reiner Schwarztee für den Brauvorgang optimal ist, können Sie für die sekundäre Fermentation auch andere Teearomen verwenden. Nehmen Sie einfach Ihren Lieblingstee; es kann auch loser Tee sein.

Dieses entspannende Getränk riecht und schmeckt wunderbar. Jasmin macht einen natürlich weichen Tee, der für die Beruhigung der Nerven und das Senken des Pulses bekannt ist. Studien belegen, dass Jasmin Schlaganfälle und Speiseröhrenkrebs verhindern kann. Jasmintee gibt Kombucha ein sanftes, blumiges Aroma und ist ein einfaches Mittel für die sekundäre Fermentation.

Zutaten:

- 3 Tassen Wasser
- 3 Jasminteebeutel
- ½ Tasse Zucker
- 3 Liter Kombucha (vgl. S. 45)

Zubereitung:

1. Bringen Sie das Wasser in einem Kochtopf zum Kochen.
2. Fügen Sie die Teebeutel hinzu und lassen Sie sie 5 bis 8 Minuten ziehen.
3. Den Zucker hinzugeben und umrühren, bis er sich auflöst.
4. Lassen Sie den Jasmintee auf Zimmertemperatur abkühlen. Um diesen Vorgang zu beschleunigen, können Sie den Teetopf in ein Eisbad stellen oder in einem Krug in den Kühlschrank stellen, bis er nur noch lauwarm ist.
5. Fügen Sie den Jasmintee und den Kombucha zusammen in einen großen Behälter und rühren Sie alles um.
6. Füllen Sie den Jasminkombucha in verschließbare Flaschen.

7. Lassen Sie sie für die sekundäre Fermentation zwei bis vier Tage an einem warmen, dunklen Ort stehen.
8. Nach dem Ende der sekundären Fermentation stellen Sie die Flaschen in den Kühlschrank. Wenn Sie die Flaschen zum Trinken öffnen, seien Sie vorsichtig, denn während der sekundären Fermentation kann sich Druck aufgebaut haben.

Feigen-Kombucha

Feigen machen sich gut in Kombucha, in Smoothies oder sogar in Backwaren und stellen eine exzellente Methode dar, um ein natürlich süßes Getränk zu kreieren. Feigen haben viel Fruchtzucker und ein feines Aroma, sodass sie auf wunderbare Weise Süße bringen ohne das Aroma zu überziehen. Es ist ein sprudelnder und süßer Kombucha mit ausschließlich „Original"-Geschmack. Wenn Sie eine Feige pro 0,5-Literflasche verwenden, können Sie dieses Rezept für jede gewünschte Menge verwenden.

Zutaten (bei etwas weniger als 4 Liter Kombucha):

- 6 reife Feigen, in kleine Stücke zerkleinert
- 3 Liter Kombucha (vgl. S. 45)

Zubereitung:

1. In jede 0,5-Literflasche eine fein zerkleinerte Feige geben.
2. Die Flaschen verschließen und für die sekundäre Fermentation zwei Tage an einem warmen, dunklen Ort lassen.
3. Den Feigen-Kombucha vor dem Verbrauch vierundzwanzig Stunden im Kühlschrank stehen lassen, um beste Ergebnisse zu erhalten.
4. Vor dem Konsum mit einem feinen Sieb das Feigenfleisch (und das neu entstandende SCOBY) entfernen und dann genießen!

Ananas-Kombucha

Sind Sie auf der Suche nach dem ultra-spritzigen und süßen Kombucha? Hier ist er! Wenn Sie für die sekundäre Fermentation von Kombucha Ananasstücke hinzugeben, bekommen Sie ein sehr spritziges Getränk. Ich habe festgestellt, dass probiotische Getränke um so sprudeliger werden, je mehr säuerliche Früchte man hinzufügt. Deshalb sind säuerliche Früchte für die Aromatisierung dieser Getränke hervorragend geeignet, aber Sie müssen unbedingt unzerbrechliche Flaschen verwenden und beim Öffnen nach der sekundären Fermentation besonders vorsichtig sein.

Flaschen mit Schraubverschluss sind für dieses Rezept zu empfehlen, denn der Druck, der sich während der sekundären Fermentation durch die Ananas aufbaut, lässt das Getränk überlaufen, wenn es aus einer Flasche mit einem Kapselverschluss kommt. Aus Sicherheitsgründen sollten Sie Kindern keine Flaschen mit Ananas-Kombucha geben, denn sie können explodieren und sind beim Öffnen gefährlich. Am besten schauen Sie beim Öffnen der Flasche in eine andere Richtung und zielen niemals auf jemanden. Das gilt auch für alle anderen sprudelnden probiotischen Getränke in diesem Buch.

Wenn auch Ananas-Kombucha etwas zusätzliches Vorausdenken und Vorsicht erfordert, hat er zugleich einen unglaublichen tropischen Geschmack und ist im Frühling und im Frühsommer besonders erfrischend!

Zutaten:

- 2 Tassen frische Ananas, zerkleinert in 1-bis 2-Zentimeterstücke
- 3 Liter selbst gemachter Kombucha (vgl. S. 45)

Zubereitung:

1. Verteilen Sie die zerkleinerte Ananas auf die Flaschen, die Sie fürs Abfüllen verwenden.
2. Gießen Sie den Kombucha in die Flaschen mit der Ananas.
3. Verschließen Sie die Flaschen und stellen Sie sie an einem dunklen, warmen Ort ab, z. B. in einem Schrank.
4. Lassen Sie die Flaschen dort für die sekundäre Fermentation zwei bis drei Tage stehen.
5. Vor dem Verbrauch stellen Sie den Kombucha mindestens vierundzwanzig Stunden in den Kühlschrank. Wenn Sie ihn länger im Kühlschrank lassen, sprudelt er stärker.

Jun

Über Jun

Jun ist ein mit Kombucha verwandtes Getränk und wird auch genauso gebraut, außer dass es mit Honig und Grünem Tee fermentiert wird, anstatt mit Zucker und Schwarztee. Jun wird auch mit einer symbiotischen Kultur aus Bakterien und Hefe (SCOBY) gebraut. Ein Jun-SCOBY unterscheidet sich aber von einem Kombucha-SCOBY. Deshalb kann Jun nicht mit einem Kombucha-SCOBY gebraut werden und man kann auch keinen Kombucha mit einem Jun-SCOBY brauen. Die Bakterienkulturen sind nicht austauschbar und bevorzugen jeweils eine bestimmte Nahrungsart. Beim Brauen von Jun sollten Sie dieselben Vorsichtsmaßnahmen walten lassen wie beim Brauen von Kombucha.

Die Aromen von Jun und Kombucha ähneln sich, wobei im Jun das Honigaroma dominiert, das den sahnigen Geschmack bewirkt, während Kombucha eher essigartig schmeckt. Deshalb müssen Sie bei der Aromatisierung von Jun stärkere Aromen verwenden, um den Honiggeschmack zu überdecken, falls das Ihr Ziel ist. Im Allgemeinen sind Beeren und starke Gewürze und Kräuter für die Aromatisierung von Jun am besten, weil weichere Aromen in der Regel vom Honig übertroffen werden. Es gibt einige kleine Jun-Vertriebe, aber es ist viel weniger verbreitet als Kombucha und es gibt bis jetzt keinen kommerziellen Jun-Hersteller.

Gesundheitliche Vorzüge von Jun

Genau wie Kombucha verbessert Jun die Balance im Verdauungssystem und kann Verdauungsprobleme und Unwohlsein mildern. Jun kann auch für die Behandlung und Vorbeugung von Arthritis und anderen Gelenkentzündungen verwendet werden, es stärkt das Immunsystem und steigert die Energie.

[Anmerkung des deutschen Verlags: Wir konnten hierzulande keine Bezugsquelle für Jun-SCOBY finden, jedoch ist es wohl möglich, einen Kombucha-SCOBY langsam an Honig zu gewöhnen. Auf diesem Weg kann man einen Jun-SCOBY selbst züchten.]

Haltbarkeit

Wenn es in gut verschlossenen Flaschen aufbewahrt wird, bleibt Jun in Ihrem Kühlschrank bis zu einem Monat frisch. Deshalb ist es nie verkehrt, große Portionen zu brauen, sodass man es jederzeit genießen kann.

Anmerkungen über das Brauen von Jun

Immer wenn Sie eine Portion Jun brauen, bildet sich ein neues SCOBY. Es ist vollkommen in Ordnung, die SCOBYS weiter wachsen zu lassen, aber die besten Ergebnisse bekommen Sie nach meiner Erfahrung, wenn die SCOBYS nicht dicker als fünf bis acht Zentimeter sind. Genau wie bei einem Kombucha-SCOBY können Sie auch hier eine Schicht abschälen und Freunden oder Familienmitgliedern geben, sodass diese selbst Jun brauen können.

Beachten Sie, dass sich unter Ihrem SCOBY braune, seetangartige Schlieren bilden, wenn Sie mehrere Portionen gebraut haben. Das sind Hefeschlieren und sie sind absolut gesund und normal. Es gibt keinen Grund, sie zu entfernen.

Da Sie etwas von der Starterflüssigkeit (ich behalte stets fünf Zentimeter Starterflüssigkeit für zweieinhalb Zentimeter SCOBY) behalten müssen und das SCOBY auch Raum beansprucht, bringt eine 4-Liter-Portion Jun im Ergebnis etwas weniger als 4 Liter – es werden etwa 3 Liter herauskommen; deshalb sind alle Rezepte in diesem Abschnitt auf 3 Liter Jun abgestimmt.

Befolgen Sie alle Sicherheitshinweise für das Brauen von Jun, genauso wie für Kombucha, benutzen Sie immer Glasbehälter und beachten Sie den Temperaturbereich Ihres Hauses, damit Ihr SCOBY und Ihr Jun gesund sind und es bleiben.

Bevor Sie eine Charge Jun brauen, sollten Sie den Abschnitt über Kombucha lesen, weil alle Regeln darin auch für Jun gelten.

Basis-Jun

Zutaten:

- 1 Jun-SCOBY plus Starterflüssigkeit
- 4 (knappe) Liter Quell- oder Brunnenwasser
- 8 bis 10 Grünteebeutel
- ½ bis ¾ Tasse Honig

Anmerkung:

Der Lieferant Ihres Jun-SCOBY wird vermutlich eine Anleitung beilegen. Verwenden Sie die Mengen an Wasser, Zucker und Tee, die Ihr Lieferant empfiehlt, besonders wenn das SCOBY klein ist, denn 4 Liter könnten zu viel für den Start sein, je nach Durchmesser und Dicke Ihres SCOBY.

Außerdem benötigen Sie:

- Einen großen Topf zum Wasserkochen
- Einen großen Glasbehälter (4,5 Liter oder mehr) für die Fermentation des Jun
- Einen langstieligen Löffel zum Umrühren
- Einen Thermometer
- Ein Baumwoll- oder luftdurchlässiges Küchentuch
- Einen Gummiring
- Eine Glaskanne oder anderes Hilfsmittel für das Umfüllen des Jun vom Behälter in die Flaschen, aus denen Sie das Jun trinken werden.
- Ein kleines feines Sieb (wir benutzen ein Milchsieb aus Metall)
- Glasflaschen mit verschließbaren Deckeln. Am besten dunkles Glas verwenden, denn Jun verträgt kein Sonnenlicht.

Zubereitung:

1. Etwas über 2 Liter Wasser in einem Topf auf dem Herd erhitzen, bis es kocht.
2. Den Topf von der Platte nehmen und die Teebeutel hinzufügen. Die Teebeutel aus dem Topf nehmen und entsorgen.
3. Um die Temperatur des Wassers zu senken, gießen Sie die zwei übrigen Liter Wasser in den Teetopf.

4. Messen Sie die Teetemperatur mit einem Thermometer. Für einen korrekten Brauvorgang muss sie zwischen 24 und 30 Grad Celsius liegen. Ihr Ziel ist es, das Jun während des Brauens in diesem Temperaturbereich zu halten, wobei es gewisse Abweichungen durchaus überleben wird, wenn sie nicht zu stark sind.

5. Sobald der Tee im optimalen Temperaturbereich ist, den Honig beigeben, umrühren und den Tee weitere 5 bis 8 Minuten ziehen lassen.

6. Schütten Sie den Tee dann in einen Glasbehälter. Fügen Sie das Jun-SCOBY mit der Starterflüssigkeit hinzu (die Jun Starterflüssigkeit ist einfach Jun).

7. Bedecken Sie das Gefäß mit einem Baumwoll- oder Küchentuch, das Sie mit einem Gummiring befestigen. Stellen Sie das Jun fünf bis sieben Tage an einen dunklen und warmen Ort (24 bis 30 Grad C). Je länger der Kombucha fermentiert, desto weniger Restzucker hat er und um so stärker ist er. Das Jun ist fertig, wenn es nicht mehr wie Tee schmeckt, der mit Honig gesüßt ist und eine wünschenswerte Stärke – gemäß Ihrem Geschmack – erreicht hat.

8. Wenn das Jun fertig fermentiert ist, haben Sie zwei Möglichkeiten. Sie können an dieser Stelle stoppen und es in Flaschen füllen und dann in den Kühlschrank stellen. Oder Sie fügen mehr Tee mit Honig hinzu, Früchte, Kräuter oder Blumen, um das Jun zu aromatisieren und es einen sekundären Fermentationsprozess durchlaufen lassen. Wenn Sie sich für die Aromatisierung entscheiden, befolgen Sie die Rezepte in diesem Abschnitt (oder probieren Sie die Rezepte im Kombucha-Abschnitt, wobei Sie stets Zucker durch Honig ersetzen).

9. Starten Sie eine neue Portion Jun, indem Sie den gesamten Vorgang neu beginnen oder bedecken Sie das Jun mit einem Küchentuch und stellen Sie es an einen warmen, dunklen Ort, bis Sie bereit sind, Ihre nächste Portion zu brauen.

Für genauere Informationen über die Sicherheitsvorkehrungen und den Brauvorgang von Jun lesen Sie die Anweisungen im Kombucha-Abschnitt (S. 37–45).

Heidelbeer-Basilikum-Jun

Das Mischen von Kräutern mit Früchten, um verschiedene Aromen zu kreieren, bringt tolle Ergebnisse! Während man glauben könnte, dass Kräuter nur für pikante Mahlzeiten geeignet sind, passen Sie auch hervorragend zu fast jeder Frucht. Die Kombination Heidelbeere-Basilikum gehört zu meinen Favoriten, und zwar ganzjährig. Der fröhliche Beerengeschmack in Verbindung mit dem süßen, erdigen Basilikum ergibt einen absolut einzigartigen Geschmack und ein cooles Getränk. Seien Sie kreativ und abenteuerlustig mit Ihren Frucht-Kräuter-Kombinationen – Sie können dabei kaum etwas falsch machen!

Zutaten:

- 2 Tassen Heidelbeeren
- Eine Handvoll Basilikumblätter, zerkleinert
- 2 Esslöffel Honig
- ½ Tasse Wasser
- 3 Liter Jun (vgl. S. 69)

Zubereitung:

1. Fügen Sie die Heidelbeeren, die Basilikumblätter, das Wasser und den Honig in einen Kochtopf und kochen Sie alles im bedeckten Topf auf.
2. Reduzieren Sie die Hitze und lassen Sie die Mischung etwa 5 Minuten kochen, damit die Aromen sich entfalten.
3. Nehmen Sie den Topf vom Herd und lassen Sie alles auf Zimmertemperatur abkühlen. Um den Vorgang zu beschleunigen, füllen Sie die Heidelbeermischung in eine Schüssel und stellen Sie sie in den Kühlschrank, bis sie abgekühlt ist.
4. Kombinieren Sie die Heidelbeer-Basilikum-Mischung mit dem Jun. Gießen Sie die Mischung in verschließbare Glasflaschen und verschließen Sie diese.
5. Lassen Sie die Flaschen zwei Tage bei Zimmertemperatur an einem dunklen Ort stehen, damit die sekundäre Fermentation ablaufen kann.
6. Stellen Sie die Flaschen vierundzwanzig Stunden in den Kühlschrank, um die besten Ergebnisse zu erreichen.
7. Nehmen Sie vor dem Trinken ein feines Sieb, um die festen Anteile von Heidelbeeren und Basilikum zu entfernen.

Chai-Jun

Es ist erstaunlich, wie ein bisschen Gewürz den Geschmack eines Getränks vollkommen verändern kann. Für Liebhaber von Chai-Tee ist dies die perfekte Ergänzung zu Ihrem Jun oder Kombucha. Es ist eins der einfachsten Rezepte und führt zu einem wunderbaren Getränk mit der perfekten Balance zwischen Süße und Würzigkeit. Sie können entweder mit Gewürzen, die Sie schon zu Hause haben, Ihr eigenes Chaigewürz machen, oder Sie kaufen Chaigewürz im Lebensmittelgeschäft.

Dies ist ein tolles Getränk für jede Jahreszeit, aber besonders gut im Herbst und Winter, wenn man warme Gewürze wie Zimt und Muskat schätzt. Chai-Gewürz ist wundervoll zum Backen, für Ihre heiße Schokolade oder im Kaffee. Wenn Sie diesen Drink noch etwas weiterbringen wollen, schaben Sie das Innere von einigen Vanillebohnen heraus und machen Sie daraus Vanille-Chai-Jun!

Zutaten:

- 4 Tassen Wasser
- 2 Vanillebohnen, Inneres ausgeschabt (optional)
- Grüner Tee
- ¼ Tasse Honig
- 3 Liter Jun (vgl. S. 69)
- 4 Teelöffel Chaigewürz (vgl. Rezept unten auf der Seite oder verwenden Sie im Laden gekauftes)

Selbst gemachtes Chaigewürz:

- 2 Teelöffel Zimtpulver
- 1 Teelöffel Kardamompulver
- ¼ Teelöffel Knoblauchpulver
- 1 Teelöffel Ingwerpulver
- ½ Teelöffel Muskatpulver
- Eine Prise schwarzer Pfeffer

Zubereitung:

1. 4 Tassen Wasser im Kochtopf zum Kochen bringen.
2. Von der Herdplatte nehmen und den Grüntee 5 bis 8 Minuten ziehen lassen.
3. Wenn Sie Vanillebohnen hinzufügen, machen Sie mit dem Messer einen langen Schnitt entlang der Vanillebohne, öffnen Sie sie und schaben Sie das Innere heraus. Geben Sie das Innere in den Tee, dann umrühren.
4. Fügen Sie den Honig und das Chaigewürz hinzu und rühren Sie dann um, bis es sich auflöst.
5. Warten Sie, bis sich die Mischung auf Zimmertemperatur abgekühlt hat.
6. Mischen Sie in einem großen Gefäß 2 Liter Jun mit dem Chai-Tee. Rühren Sie um und füllen dann das Chai-Jun in verschließbare Flaschen.

7. Lassen Sie die Flaschen zwei bis drei Tage an einem dunklen Ort bei Zimmertemperatur stehen.
8. Für ein optimales Ergebnis kühlen Sie das Getränk vierundzwanzig Stunden, bevor Sie es trinken.

Rosen-Jun

Rosen kann man neben dem Valentinstag und Geburtstagen auch sehr gut für andere Zwecke verwenden. Rosenwasser wird oft beim Backen verwendet und wenn aus den Blütenblättern Tee gemacht wird, ergibt das ein wunderbares und beruhigendes Aroma. Rosentee hat einige medizinische Aspekte. Er enthält viele Antioxidantien, ist ein natürliches Abführmittel, reinigt Leber und Gallenblase, kann bei Depressionen helfen und ist voller Vitamine: C, D, K und E. Rosentee kann die Regelmäßigkeit Ihres Verdauungstrakts verstärken und eine gesunde Darmflora unterstützen – fügen Sie das zu den Probiotika in Jun hinzu und Sie können Ihrem Verdauungstrakt mit diesem Getränk etwas wirklich Gutes tun.

Zutaten:

- 5 Tassen Quell- oder Brunnenwasser
- 1 Tasse getrocknete Rosenknospen
- ½ Tasse Honig
- 3 Liter Jun (vgl. S. 69)

Zubereitung:

1. Kochen Sie das Wasser in einem Kochtopf auf.
2. Fügen Sie die getrockneten Rosenblüten hinzu und lassen Sie den Tee 10 Minuten ziehen.
3. Lassen Sie alles bis auf Zimmertemperatur abkühlen (sie können den Topf auch in den Kühlschrank stellen, dann geht es schneller) und rühren Sie dann den Honig ein.
4. Fügen Sie Rosentee und Jun mit den Rosenblüten zusammen in ein großes Gefäß.
5. Füllen Sie das Rosen-Jun in verschließbare Behälter. Verteilen Sie die Rosenblüten auf die Flaschen. Dadurch wird der Rosengeschmack in das Jun übertragen und die sekundäre Fermentation unterstützt.
6. Verschließen Sie die Flaschen gut und lassen Sie sie zwei bis drei Tage in einem warmen, dunklen Raum stehen.
7. Vor dem Trinken mindestens vierundzwanzig Stunden kühlen, um beste Ergebnisse zu erzielen.

8. Bevor Sie trinken, nehmen Sie ein feines Sieb und entfernen Sie die Rosenblüten sowie das SCOBY, das sich während der sekundären Fermentation gebildet hat. Und dann genießen!

Hibiskus-Jun

Hibiskus-Jun hat viele farbliche, geschmackliche und gesundheitliche Vorzüge! Wenn er als Tee aufgebrüht wird, hat er einen süßen, säuerlich-zitronigen Geschmack, der erfrischend und blumig wirkt. Hibiskustee hat viele Antioxidantien, Vitamin C und ist gut für Ihr Herz. Es heißt, er kann bei der Gewichtsabnahme helfen, weil er einen Amylasehemmer enthält, der Zucker daran hindert, in die Blutbahn zu gelangen.

Zutaten:

- 6 Tassen Wasser
- 2/3 Tasse Hibiskusblüten
- ½ Tasse Honig
- 3 Liter Jun (vgl. S. 69)

Zubereitung:

1. Bringen Sie das Wasser in einem kleinen Kochtopf zum Kochen.
2. Fügen Sie die Hibiskusblüten hinein, nehmen Sie den Kochtopf vom Herd und lassen Sie den Hibiskustee bei bedecktem Topf 8 Minuten ziehen.
3. Lassen Sie den Tee auf Zimmertemperatur abkühlen.
4. Geben Sie den Honig dazu und rühren Sie um, bis sich alles auflöst. Fügen Sie den Tee (nachdem Sie die Hibiskusblüten entfernt haben) und das Jun in eine große Schüssel oder Krug und rühren alles um, damit es sich vermischt.
5. Gießen Sie das Hibiskus-Jun bei Zimmertemperatur in gut gereinigte, verschließbare Flaschen.
6. Lassen Sie die Flaschen zwei bis drei Tage bei Zimmertemperatur stehen.
7. Am besten kühlen Sie die Flaschen mindestens vierundzwanzig Stunden im Kühlschrank, bevor Sie das sprudelnde Getränk genießen.

Grünes Jun

In den USA [und auch in Deutschland, vorzugsweise im Internet] kann man Supernahrungs- oder „Grün-Drink"-Pulver in jedem Bioladen und den meisten Vitaminabteilungen kaufen. Diese Pulver enthalten in hoher Konzentration Gemüse- und Obstpulver und bieten dadurch intensive Nährstoffe, die Sie mit einem Löffel einnehmen können. Wenn Sie dieses Pulver zu Jun oder Kombucha hinzugeben, erhalten Sie zusätzliche gesundheitliche Vorzüge und der Geschmack wird verstärkt. Die Grün-Drinks sind nicht alle gleich, deshalb sollten Sie ein Pulver kaufen, das Sie schon kennen oder das Ihnen jemand empfohlen hat. Wenn Sie es im Internet kaufen, sollten Sie vorher Kommentare dazu lesen, denn die Qualität des Pulvers wirkt sich auf das Ergebnis der sekundären Fermentation des Jun aus.

Da die Pulver natürliche Fruktose enthalten, verzehren die Probiotika des Jun diese Zucker, sodass der Drink die sekundäre Fermentation durchlaufen kann und leicht sprudelig wird.

Zutaten:

- 3 Liter Jun (vgl. S. 69)
- ½ Tasse Supernahrung Grün-Drink-Pulver

Zubereitung:

1. Gießen Sie das Jun in eine große Kanne und fügen Sie das Grün-Drink-Pulver hinzu.
2. Kräftig umrühren, bis alles gut gebunden ist.
3. Gießen Sie das grüne Jun in verschließbare Flaschen und schließen Sie die Verschlüsse sorgfältig.
4. Lassen Sie die Flaschen zwei bis drei Tage an einem warmen, dunklen Ort stehen.
5. Stellen Sie die Flaschen in den Kühlschrank, um die sekundäre Fermentation zu verlangsamen. Benutzen Sie vor dem Trinken ein feines Sieb, um das SCOBY zu entfernen, das sich während der sekundären Fermentation gebildet hat.

Wassermelone-Limone-Jun

Im Sommer ist Agua Fresca, ein püriertes Fruchtgetränk, erfrischend und lecker. Dieses Jun-Rezept beinhaltet einfach pürierte kernlose Wassermelone mit Limone und Honig, die einen knackig-frischen Geschmack hinzufügen. Weil Wassermelonen viel Frucht bieten und im Sommer leicht erhältlich sind, können Sie dieses Rezept in der heißen Jahreszeit für große Portionen anwenden, damit Sie während der Hitze immer etwas Erfrischendes anbieten oder konsumieren können.

Zutaten:

- 5 Tassen kernlose Wassermelone, zerkleinert (püriert sind das etwa 3 Tassen)
- Saft von 2 Limonen
- 3 Esslöffel Honig
- 3 Liter Jun (vgl. S. 69)

Zubereitung:

1. Fügen Sie die zerkleinerte Wassermelone, den Limonensaft und den Honig in einen Mixer und mixen Sie alles durch.
2. Kombinieren Sie das Wassermelonenpüree und das Jun in einer großen Kanne und rühren Sie gut um, bis alles vermischt ist.
3. Gießen Sie das Wassermelonen-Limonen-Jun in verschließbare Flaschen und schließen Sie diese sorgfältig.
4. Lassen Sie die Flaschen zwei bis drei Tage in einem warmen, dunklen Raum stehen.
5. Vor dem Trinken stellen Sie die Flaschen in den Kühlschrank und verwenden ein feines Sieb, um alles SCOBY zu entfernen, das sich während der sekundären Fermentation gebildet hat.

Erdbeer-Jun

Für Jun und Kombucha ist Erdbeergeschmack bestens geeignet. Dieses Getränk mag fast jeder. Es ist ein sehr gutes Rezept für den Einstieg in das Thema Jun, denn es ist leicht herzustellen und auch für jene wohlschmeckend, die den Geschmack von Jun noch nicht kennen. Erdbeeren und Honig bilden ein weiches, wundervolles Gemisch und eine hervorragende Geschmackskombination.

Zutaten:

- 3 Tassen frische, reife Erdbeeren, zerkleinert
- ¼ Tasse Quell- oder Brunnenwasser
- ½ Tasse Honig
- 3 Liter Jun (vgl. S. 69)

Zubereitung:

1. Die Erdbeeren und das Wasser in einem Kochtopf zum Kochen bringen.
2. Die Hitze reduzieren und für 10 bis 20 Minuten sieden lassen, bis die Erdbeeren komplett ihre Form verlieren. Sie können sie mit einer Gabel zerdrücken, sodass eine gleichförmige Substanz entsteht.
3. Vom Herd nehmen, den Honig einrühren und die Mischung komplett abkühlen lassen.
4. Kombinieren Sie die Erdbeermischung mit dem Jun in einem großen Behälter und rühren Sie um.
5. Gießen Sie das Erdbeer-Jun (mit dem Erdbeerfruchtfleisch – es hilft bei der sekundären Fermentation) in verschließbare Flaschen und lassen Sie im oberen Bereich der Flaschen etwas Raum, denn es wird sich Druck bilden. Verschließen Sie die Flaschen gut.
6. Um die zweite Fermentation zu ermöglichen, stellen Sie die Flaschen zwei bis drei Tage in einen dunklen Raum oder Schrank.
7. Stellen Sie das Erdbeer-Jun vierundzwanzig Stunden in den Kühlschrank, um für ein optimales Resultat zu sorgen, bevor Sie es trinken. Verwenden Sie ein feines Sieb, um das Erdbeerfruchtfleisch vor dem Trinken zu entfernen.

Aprikosen-Jun

Aprikosen geraten als Steinobst scheinbar in Vergessenheit, aber sie eignen sich wunderbar für die Aromatisierung jedes Getränks in diesem Buch. Sie bieten einen weichen, leicht süßen Geschmack. Das Aprikosenfruchtfleisch hilft während der sekundären Fermentation bei der Entwicklung eines spritzigen Getränks und fügt Süße hinzu, wobei es zugleich das natürliche Aroma des Jun verstärkt.

Zutaten:

- 4 große, reife Aprikosen, entkernt und zerkleinert
- ¼ Tasse Wasser
- ¼ Tasse Honig
- 3 Liter Jun (vgl. S. 69)

Zubereitung:

1. Fügen Sie die zerkleinerten Aprikosen und das Wasser in einen mittelgroßen Kochtopf. Bedecken und die Mischung zum Kochen bringen.
2. Die Hitze reduzieren und die Mischung mit Deckel auf kleiner Flamme köcheln lassen, bis die Aprikosen ihre Form verlieren; etwa 10 Minuten lang.
3. Vom Herd nehmen und ganz abkühlen lassen.
4. Dann den Honig hinzugeben.
5. Geben sie die Aprikosenmischung und das Jun in eine großen Kanne.
6. Gut umrühren und in verschließbare Flaschen füllen.
7. Drei Tage bei Zimmertemperatur in einen dunklen Raum stellen.
8. Vierundzwanzig Stunden oder mehr in den Kühlschrank stellen.
9. Vor dem Trinken seien Sie das Jun durch ein Sieb. Sie werden Reste von Aprikosenfruchtfleisch und kleine Kolonien von Bakterien und Hefe vorfinden, die sich gebildet haben.

Rhabarber-Jun

Rhabarber-Jun ist vielleicht eins der speziellsten Getränke in diesem Buch; es hat einen köstlich-einzigartigen Geschmack und ist einfach zuzubereiten. Während Rhabarberstängel für jemanden, der sie noch nicht in der Küche verwendet hat, abschreckend sein können, liefert Rhabarber tatsächlich aber einen süßen, säuerlichen und etwas scharfen Geschmack, wodurch er sich von normalen Fruchtaromen wundervoll abhebt. Rhabarber ist reich an Vitamin C und K, Antioxidantien, Lutein und Kalzium und damit eine immunitätsstärkende Pflanze.

Zutaten:

- 1 Stängel Rhabarber (zerkleinert etwa eine Tasse)
- 1 Tasse Wasser
- 1/3 Tasse Honig
- 3 Liter Jun (vgl. S. 69)

Zubereitung:

1. Geben Sie den zerkleinerten Rhabarber und das Wasser in einen Kochtopf. Bedecken und auf mittlerer Flamme erhitzen.
2. Die Mischung zum Kochen bringen; dann reduzieren Sie die Hitze und lassen es weiterhin bedeckt leicht köcheln, bis die Rhabarberstücke ganz weich werden und die Form verlieren.
3. Die Mischung vom Herd nehmen und vollständig abkühlen lassen. Um den Vorgang zu beschleunigen, gießen Sie die Mischung in einen Behälter und stellen diesen in den Kühlschrank.
4. Fügen Sie den Honig hinzu und rühren Sie um, bis sich alles auflöst. Gießen Sie die gekühlte Rhabarbermischung und das Jun in eine große Kanne und rühren Sie alles gut um.
5. Gießen Sie das Rhabarber-Jun in verschließbare Glasflaschen. Verteilen Sie das Fruchtfleisch des Rhabarbers gleichmäßig auf die Flaschen und schließen Sie diese sorgfältig.
6. Stellen Sie die Flaschen zwei bis drei Tage in einem warmen, dunklen Raum ab.
7. Stellen Sie das Jun vierundzwanzig Stunden in den Kühlschrank, um den sekundären Fermentationsprozess zu verlangsamen.
8. Wenn das Getränk fertig ist, entfernen Sie das Fruchtfleisch und das neu entstandene SCOBY mit einem feinen Sieb.

Milchsaure
Limonade

Über Milchsaure Limonade

Der Begriff milchsauer kann für alle fermentierten Lebensmittel und Getränke verwendet werden, z.B. für Sauerkraut, Pickles und Ingwerbier. Milchsaure Limonade ist eine probiotische Limonade, die mit Wasser, frischem Zitronensaft, Zucker und Molke fermentiert wird. Dieser Drink bekommt seine probiotische Qualität durch Molke, die wässrige Substanz, die sich auf der Oberfläche von Joghurt bildet. Wenn Molke mit Zitronensaft und Zuckerwasser gemischt wird, fermentiert sie weiter und die Probiotika vermehren sich kontinuierlich.

Das erfrischende Getränk kann zu jeder Jahreszeit als saisonaler Genuss aromatisiert werden und ist vor allem im Sommer eine Erfrischung. Die Molke gibt der Limonade einen sahnigen Geschmack, sodass sie fast wie Zitronenbaiser-Kuchen schmeckt – mit Sicherheit die originellste Limonade, die Sie jemals trinken werden! Dieses Getränk ist gesünder als gewöhnliche Limonade, weil die Probiotika in der Molke den Zucker teilweise verzehren; dadurch bleibt das Getränk süß, aber es hat weniger Zucker als zu Beginn.

Dies ist eines der am einfachsten herzustellenden probiotischen Getränke und erfordert nur einen minimalen Zeitaufwand. Außerdem ist es kosteneffektiv, denn es kann in großen Portionen, zum Genuss von Freunden und Familie, produziert werden.

Probiotische Limonade und sekundäre Fermentation … oder auch nicht

Milchsaure Limonade ist das einzige wasserbasierte probiotische Getränk, das ich nicht einer sekundären Fermentation unterziehe. Spritzigkeit und Aroma ändern sich offensichtlich nicht, wenn man eine zweite Fermentation vornimmt, also ist sie aus meiner Sicht hier entbehrlich. Aber wenn Sie es versuchen wollen, lassen Sie sich nicht aufhalten! Sie können irgendein Rezept aus diesem Abschnitt nehmen und einfach den zusätzlichen Schritt anwenden – lassen Sie die milchsaure Limonade einige Tage bei Zimmertemperatur stehen, um schließlich festzustellen, ob sich durch die sekundäre Fermentation etwas ändert.

Eine Anmerkung über Süßungsmittel

Limonade schmeckt am besten, wenn sie mit Früchten und Rohrzucker gesüßt wird. Wer den Rohrzucker ersetzen möchte, kann Agave- oder Ahornsirup verwenden, je nach Geschmack. Ein Teil des für die Fermentation verwendeten Rohrzuckers wird während des Prozesses umgesetzt. Damit bleibt der süße Geschmack erhalten, obwohl der Zuckergehalt sinkt. Letztlich passen alle Früchte und Kräuter zu milchsaurer Limonade, und daher können Sie munter mit Aroma und Geschmack experimentieren!

Kerr
SELF SEAL

Milchsaure Limonade

Zutaten:

- 1 ½ Tassen frischer Zitronensaft (etwa 10 bis 14 Zitronen)
- 1 Tasse Molke (von etwa einem Liter Vollmilchjoghurt abgeschöpft)*
- ¾ Tasse Zucker
- 4 Liter Wasser

* Sie können Molke von fettreduziertem oder magerem Joghurt gewinnen, aber sie lässt sich wohl am einfachsten von Vollmilchjoghurt abschöpfen.

Zubereitung:

1. Die einfachste Methode, Molke zu bekommen, ist das Absieben von Joghurt. Dafür falten Sie ein Baumwolltuch einmal und legen es über eine Schüssel. Gießen Sie etwa einen Liter Vollmilchjoghurt (gekauft oder selbst gemacht) auf das Tuch. Nehmen Sie die vier Ecken des Tuches und fügen Sie sie zusammen, sodass Sie ein Bündel bekommen. Binden Sie das Bündel mit dem Joghurt darin mit einem Gummiring zusammen. Dann nehmen Sie einen oder zwei weitere Gummiringe und hängen das Bündel an einen Schrank oder ein Regal über die Mischschüssel, sodass die Schwerkraft hilft, die Molke vom Joghurt zu trennen. Es sollte nur etwa 20 bis 30 Minuten dauern, bis Sie eine volle Tasse Molke haben, aber wenn es länger dauert, warten Sie einfach so lange. Wenn Ihre Molke abgesiebt ist, verwenden Sie sie für die milchsaure Limonade. Und – es gibt noch etwas anderes! Sie haben jetzt griechischen Joghurt in Ihrem Tuch! Gießen Sie den abgesiebten Joghurt aus dem Tuch einfach in einen verschließbaren Behälter und genießen Sie ihn später. In einem Behälter für etwa 4,5 Liter kombinieren Sie die Molke, den Zitronensaft und den Zucker. Fügen Sie das Wasser hinzu und rühren Sie gut um, sodass sich der Zucker auflöst. Beachten Sie, dass die Probiotika in der Molke den Zucker verzehren, Sie müssen also die Zuckermenge an Ihren persönlichen Geschmack anpassen. Wenn Sie ein süßeres Getränk möchten, nehmen Sie bis zu einer ganzen Tasse Zucker anstatt einer ¾ Tasse.
2. Schließen Sie den Behälter und lassen ihn zwei Tage bei Zimmertemperatur stehen. Ein Schränkchen, ein Regal oder eine Speisekammer sind für die Lagerung bestens geeignet.
3. Wenn die milchsaure Limonade fertig ist, können Sie sie in den Kühlschrank stellen und kalt trinken oder Sie fügen weitere Zutaten hinzu, um das Aroma zu verändern, wie in meinen Rezepten dieses Abschnitts dargestellt.
4. Um die Limonade zu lagern, füllen Sie sie einfach in verschließbare Flaschen und bewahren Sie sie bis zu zwei Wochen im Kühlschrank auf.

Zitronen-Baiser-Kuchen-Drink

Wie ich am Anfang dieses Abschnitts erwähnt habe, besitzt milchsaure Limonade einen Geschmack, der sehr an Zitronen-Baiser-Kuchen erinnert, was vor allem durch die Molke kommt. Sie schmeckt süß, sahnig und säuerlich, gibt ein weiches Gefühl im Mund und erscheint so insgesamt wie ein Dessert. Auf dieser Grundlage habe ich mich inspirieren lassen, mit milchsaurer Limonade einen Smoothie zu kreieren, der Zitronen-Baiser-Kuchen nachahmt! So einfach und simpel das Getränk auch sein mag, bei uns zu Hause ist es einer der Favoriten!

Zutaten:

- 2 gefrorene Bananen
- 250 ml milchsaure Limonade (vgl. S. 91)
- Saft einer halben Zitrone
- 2 Esslöffel Kokosmilch

Zubereitung:

Alle Zutaten in einen Mixer geben und mixen, bis alles aufgelöst ist.

Himbeer-Limonade

Wenn Sie als Kind so waren wie ich, dann waren Sie verrückt nach Himbeerlimonade, wenn die Familie zum Essen ausging. Vielleicht sind Sie es noch heute! Wir haben zu Hause niemals Limonade gemacht, als ich jung war. Ich habe zu meinem Cheeseburger mit Pommes frites Becher um Becher süßliche Himbeerlimonade getrunken, als ganz spezielle Ergänzung. Heute trinke ich das hoch gezuckerte Getränk mit Unmengen künstlicher Farben und Aromen nicht mehr; ich mache es jetzt selbst und der Geschmack ist um Welten besser!

Dieses Getränk ist nicht nur viel natürlicher als jede gekaufte Limonade, es ist auch voller Probiotika. Die Himbeeren sind extrem reich an Antioxidantien und machen es zu einem gesunden und kinderfreundlichen Drink.

Zutaten:

- 1 Liter frische Himbeeren
- Saft von 2 großen Zitronen
- 3 Esslöffel Zucker oder Agavennektar
- 8 Tassen milchsaure Limonade (vgl. S. 91)
- ½ Tasse Wasser

Zubereitung:

1. Fügen Sie die Himbeeren, den Zitronensaft und das Wasser in einen Kochtopf. Bedecken und leicht zum Kochen bringen.
2. Die Hitze reduzieren, aber die Mischung noch etwa 5 bis 8 Minuten köcheln lassen, bis die Himbeeren die Form verlieren und die Säfte austreten. Zerdrücken Sie die Himbeeren mit einer Gabel.
3. Fügen Sie den Zucker hinzu und rühren Sie um, sodass er sich auflöst.
4. Nehmen Sie den Topf vom Herd und lassen ihn vollständig abkühlen.
5. Benutzen Sie ein feines Metallsieb und seien Sie die Mischung in eine Kanne, einen Krug oder eine große Flasche, um alle Himbeerkerne zu entfernen. Drücken Sie auf das Himbeerfruchtfleisch, um so viel Flüssigkeit wie möglich herauszuholen.
6. Entfernen Sie das Himbeerfruchtfleisch.
7. Fügen Sie die milchsaure Limonade in das Gefäß und rühren Sie die Mischung um.
8. Entweder Sie servieren die Himbeerlimonade sofort oder Sie füllen sie in Flaschen, um sie im Kühlschrank zu lagern (trinken Sie, was nicht in die Flaschen passt).

Milchsaure Salbei-Limonade

Möglicherweise haben Sie noch nie Salbei in einem Getränk gehabt, geschweige denn in Limonade. Aber lesen Sie bitte trotzdem weiter. Salbei macht sich nicht nur hervorragend in pikanten Speisen, es gibt auch Getränken einen wundervollen Geschmack. Das leicht erdige Aroma mit der kräftig-süßen Limonade trinkt sich sehr gut und erfrischt. Viele der Getränke in diesem Buch haben einen gewöhnungsbedürftigen Geschmack, aber die vollherben wie diese Salbeilimonade definitiv nicht, egal welches davon Sie trinken.

Salbei enthält Vitamin K und wirkt natürlich-antientzündlich sowie als Antioxidans, außerdem haben Studien belegt, dass es bei regelmäßigem Konsum das Gedächtnis stärkt.

Zutaten:

- 1 Tasse Wasser
- 10 Salbeiblätter, zerkleinert
- Saft aus einer Zitrone
- 2 Esslöffel Zucker oder Agavennektar
- 4 Tassen milchsaure Limonade (vgl. S. 91)

Zubereitung:

1. Bringen Sie das Wasser und die Salbeiblätter in einem Topf zum Kochen.
2. Nehmen Sie den Topf vom Herd, fügen Sie den Zucker hinzu und rühren Sie um, bis er sich auflöst. Lassen Sie die Mischung mindestens 10 Minuten bei Zimmertemperatur stehen, damit das Salbeiaroma einwirken kann.
3. Gießen Sie die Flüssigkeit in einen Behälter und stellen Sie ihn in den Kühlschrank, bis sie kalt ist.
4. Wenn die Mischung vollständig gekühlt ist, sieben Sie die Flüssigkeit in eine Kanne und entfernen Sie die Salbeiblätter.
5. Fügen Sie die milchsaure Limonade in die Kanne und rühren Sie um, damit sich alles gut vermischt.
6. Genießen Sie die Limonade sofort oder füllen Sie sie in verschließbare Flaschen, die Sie dann bis zu einer Woche lagern können.

Erdbeer-Rhabarber-Limonade

Erdbeer-Marmelade ist schon fantastisch, aber Erdbeer-Rhabarber-Marmelade schmeckt tatsächlich noch köstlicher! Die herrliche Kombination von Erdbeeren und frischem Rhabarber scheint in jeder Form eine Hit zu sein, von Backwaren bis zu Cocktails. Rhabarber ist reich an Kalzium, Antioxidantien, Lutein (sehr gut für Ihre Augen!) und Vitamin K. Besorgen Sie sich Rhabarberstängel für diese leckere Limonade und versuchen Sie auch Rhabarber-Jun.

Zutaten:

- 1 ½ Tassen frischer Rhabarber, zerkleinert
- 1 Tasse Wasser
- 1 ½ Tassen Erdbeeren, zerkleinert
- Saft von 1 Zitrone
- ¼ Tasse Zucker
- 8 Tassen milchsaure Limonade (vgl. S. 91)

Zubereitung:

1. Geben Sie Wasser und Rhabarber in einen Kochtopf und bringen Sie es bedeckt zum Kochen.
2. Reduzieren Sie die Hitze und lassen Sie den Inhalt etwa 15 Minuten köcheln.
3. Fügen Sie die Erdbeeren hinzu, den Zitronensaft und den Zucker und kochen Sie alles für nochmals 3 Minuten.
4. Lassen Sie die Mischung abkühlen, bevor Sie sie in eine Schüssel oder ein großes Glas geben und im Kühlschrank vollständig abkühlen.
5. Geben Sie die Erdbeer-Rhabarber-Mischung und die milchsaure Limonade in einen Mixer.
6. Mixen Sie alles, bis es ganz weich ist und servieren Sie es kalt!

Milchsaure Lavendel-Limonade

Hier kommt die entspannendste Limonade, die Sie jemals trinken werden! Lavendel wird seit Jahrtausenden weltweit wegen seiner langen Liste heilender Eigenschaften verwendet. Lavendelblüten enthalten Polyphenole, die schlechte Bakterien bekämpfen helfen und Blähungen mildern. In diesem Sinn bewirken Lavendel und Probiotika zusammen wahre Wunder gegen Magenschmerzen und für die Verdauung. Lavendel hilft auch gegen trockene und juckende Haut und hilft bei der Wundheilung. Als Tee kreiert Lavendel ein weiches, blumiges und köstliches Elixier, das Geist und Körper beruhigt. Und er macht eine großartige Limonade!

Zutaten:

- 1 Tasse Wasser
- 1 ½ Esslöffel Lavendelblüten
- ¼ Tasse Zucker
- Saft von 1 Zitrone
- 8 Tassen milchsaure Limonade (vgl. S. 91)

Zubereitung:

1. Bringen Sie Wasser und Lavendelblüten in einem Kochtopf zum Kochen. Nehmen Sie den Topf von der Platte, fügen Sie Zucker und Zitronensaft hinzu und rühren Sie um, damit sich der Zucker auflöst.
2. Lassen Sie die Mischung mindestens 20 Minuten stehen, damit das Lavendelaroma auf das Wasser einwirkt.
3. Gießen Sie die Mischung in einen Behälter und kühlen Sie alles, bis es ganz kalt ist.
4. Sieben Sie die Flüssigkeit in eine Kanne und entfernen Sie dabei die Lavendelblüten.
5. Geben Sie die milchsaure Limonade hinzu und rühren Sie gut um.
6. Mixen Sie alles, bis es weich ist, und servieren Sie es gekühlt!

Brombeer-Limonade

Als Kind war ich mit meinen Eltern öfter Brombeeren pflücken. Wo ich aufgewachsen bin, wuchsen zahllose Brombeersträucher und wir brachten in jeder Brombeersaison große Schüsseln frischer, reifer Brombeeren nach Hause, direkt vom Strauch. Sicher, meine kleinen Hände waren von den Dornen zerkratzt, aber das bedeutete nichts verglichen mit dem Genuss, frisch gepflückte Beeren zu essen, wobei wir einige für Marmelade verwendeten.

Brombeeren sind voller Antioxidantien und haben einen sehr speziellen und köstlichen Geschmack. Diese Beere eignet sich fantastisch für die Aromatisierung jedes Getränks in diesem Buch und macht aus milchsaurer Limonade ein tolles, leckeres Getränk, das alle genießen können!

Zutaten:

- 2 Tassen Brombeeren
- Saft von 2 Zitronen
- ½ Tasse Wasser
- 3 Esslöffel Zucker
- 8 Tassen milchsaure Limonade (vgl. S. 91)

Zubereitung:

1. Fügen Sie Brombeeren, Zitronensaft und Wasser in einen Kochtopf. Bedecken und vorsichtig zum Kochen bringen.
2. Reduzieren Sie die Hitze, aber lassen Sie die Mischung 5 bis 8 Minuten lang weiter köcheln, bis die Brombeeren ihre Form verlieren und der Saft herausfließt. Zerdrücken Sie die Brombeeren mit einer Gabel.
3. Fügen Sie den Zucker hinzu und rühren Sie um, bis er sich auflöst.
4. Nehmen Sie den Topf von der Platte und lassen Sie alles vollständig abkühlen.
5. Sieben Sie die Mischung mit einem Metallsieb in eine Kanne, einen Krug oder eine große Flasche, um alle Brombeerkerne herauszuholen. Drücken Sie das Brombeerfruchtfleisch aus, um möglichst viel Flüssigkeit zu gewinnen.
6. Entfernen Sie das Brombeerfruchtfleisch.
7. Geben Sie auch die milchsaure Limonade in das Gefäß und rühren Sie alles gut um.
8. Entweder Sie servieren die Brombeerlimonade sofort oder Sie füllen Sie in Flaschen, die Sie im Kühlschrank lagern. (Und trinken Sie, was nicht in die Flaschen passt).

Aprikosen-Limonade mit Fruchtfleisch

Wer sagt, dass der ganze Smoothie-Spaß auf Joghurt beschränkt bleiben muss? Auch andere Getränke in diesem Buch können auf brillante Weise für Säfte mit Fruchtfleisch oder Smoothies verwendet werden! Milchsaure Limonade ist hervorragend für das Mixen mit Früchten und anderen Zutaten geeignet, weil sie mit süßen und würzigen Aromen sehr schön ausbalanciert ist. Mit diesem Drink bekommen Sie ein köstliches und gesundes Getränk, vor allem im Frühling und im Sommer, aber auch mit Früchten, die keine Saison haben!

Ich finde, Limonade und Aprikosen passen überraschend gut zusammen, obwohl ich bisher nicht viel Erfolg beim Zubereiten von Limonade aus Aprikosen hatte; sie sind einfach sehr dick und voller Fruchtfleisch. Für Aprikosenlimonade braucht man sehr viele Früchte und ich mag es nicht, wenn man so viel Fruchtfleisch verschwendet. Aber es gibt einen Ausweg: Sie frieren einfach frisch zerkleinerte Aprikosen ein und mixen diese dann mit Limonade, Bananen und Mandelmilch zu einem einzigartigen und köstlichen Fruchtfleisch-Drink!

Zutaten:

- 2 Aprikosen, entkernt, zerkleinert und gefroren
- 1 gefrorene Banane
- ½ Tasse milchsaure Limonade (vgl. S. 91)
- ½ Tasse Vanille-Mandel-Milch

Zubereitung:

Geben Sie alle Zutaten in einen Mixer und mixen Sie sie so lange, bis alles aufgelöst ist.

Probiotischer Arnold Palmers

An heißen Tagen denke ich an Eistee und Limonade. Und dann denke ich noch an Arnold Palmers. Dieses typische Sommergetränk ist eine einfache Kombination aus Eistee und Limonade und ergibt einen unglaublich erfrischenden Drink. Brühen Sie einfach eine Portion Ihres Lieblingstees auf (ich empfehle Schwarztee), kühlen Sie ihn im Kühlschrank ab und mischen ihn dann mit ihrer selbstgemachten milchsauren Limonade!

Zutaten:

- Schwarzteebeutel
- Zucker (optional)
- Milchsaure Limonade (vgl. S. 91)

Zubereitung:

1. Bringen Sie die gewünschte Wassermenge auf dem Herd zum Kochen. Nehmen Sie den Topf von der Platte und fügen Sie Schwarzteebeutel hinzu (etwa einen Teebeutel pro Tasse Wasser). Lassen Sie den Tee 3 bis 5 Minuten ziehen. Wenn Sie Ihren Tee lieber süß trinken, fügen Sie Zucker hinzu und rühren Sie um, solange er noch heiß ist.
2. Lassen Sie den Tee etwas abkühlen, bevor Sie ihn in eine Kanne füllen. Danach stellen Sie ihn so lange in den Kühlschrank, bis er vollständig abgekühlt ist.
3. Fügen Sie Eiswürfel in ein Glas und füllen Sie es zur Hälfte mit milchsaurer Limonade. Als zweite Hälfte geben Sie Ihren Lieblingseistee hinzu.

Ingwerbier

Über Ingwerbier

Ingwerbier ist ein natürlich sprudelndes Getränk mit einem süßen und würzigen Geschmack. Geriebener Ingwer wird in Zuckerwasser und Zitronensaft fermentiert, wobei die natürlichen Hefen des Ingwers den Zucker verzehren und sich vervielfachen, sodass ein probiotisches Getränk entsteht. Während Ingwerbier ein süßes, würziges und köstliches Getränk an sich darstellt, ist es zugleich berühmt als Teil von Cocktails, insbesondere von Dark & Stormy, einer Mischung aus Ingwerbier und Rum, die mit einem Spritzer Limone verfeinert wird.

Manche verstehen die Begriffe „Ingwerbier" und „Ginger Ale" als identisch, aber es gibt einen Unterschied zwischen beiden Getränken. Ingwerbier wird in zwei bis drei Wochen fermentiert, mit Hilfe einer „Ingwerwanze", während Ginger Ale eher eine Limonade mit Ingwergeschmack ist. Es gibt Ginger Ale-Getränke, die echten Ingwer enthalten, aber die meisten bestehen einfach aus mit Kohlensäure versetztem Wasser mit Ingweraroma und Zucker. Ginger Ale durchläuft nicht denselben Fermentationsprozess wie Ingwerbier.

Gesundheitsvorzüge von Ingwerbier

Ingwer hat viele gesundheitliche Vorzüge und wird weithin verwendet, um Magenstörungen, Übelkeit oder Durchfall zu behandeln. Diese wohlschmeckende Pflanze wirkt gegen Entzündungen und gegen Migräne. Studien haben gezeigt, dass Ingwer gegen bestimmte Krebszellen vorbeugt und wirkt, u. a. gegen Brustkrebs, Grimmdarmkrebs, Gebärmutterkrebs, Prostatakrebs und Lungenkrebs. Ingwer ist außerdem bekannt dafür, dass er den Körper von giftigen Chemikalien reinigt, Menstruationskrämpfe mildert und einiges mehr!

Ingwerbier und sekundäre Fermentation

Sobald Ingwerbier seine primäre Fermentation abgeschlossen hat, können Sie zusätzlichen Zucker bzw. andere Zutaten hinzufügen, um es zu würzen (mit Hilfe der Rezepte in diesem Abschnitt) und eine sekundäre Fermentation anzusetzen.

Ingwerbier würzen

Ingwerbier ist vielleicht das am einfachsten zu aromatisierende Getränk in diesem Buch, denn mit Ingwer kann fast jede Art von Früchten oder Kräutern wunderbar kombiniert werden. Da Ingwerbier bereits einen stark süßen und würzigen Geschmack hat, können Sie andere süße, saure, herbe oder sahnige Aromen hervorragend ergänzen. So schmecken Sie die zusätzlichen Zutaten beim Trinken von Ingwerbier zuerst, während der würzige Ingwer erst zum Schluss zu schmecken ist. Bei Ingwerbier ist es ganz einfach, mit Frucht- und Kräuterkombinationen kreativ zu sein und Sie haben praktisch eine Garantie, dass am Ende ein köstlicher probiotischer Drink herauskommt!

Zur Haltbarkeit von Ingwerbier

Wenn es gut in Flaschen abgefüllt wird, kann Ingwerbier bis zu einem Monat im Kühlschrank gelagert werden, aber am besten sollte man es zwei Wochen nach dem Brauen trinken. Wenn zu Ingwerbier Zutaten wie Früchte ergänzt werden, sollten Sie es innerhalb einer Woche trinken. Ingwerbier kann zwar länger halten, aber in Bezug auf die Probiotika sollte man immer sichergehen.

Wie für die anderen wasserbasierten Rezepte in diesem Buch ist es wichtig, entweder in Flaschen gefülltes Quellwasser oder Brunnenwasser zu verwenden. Nehmen Sie kein Leitungswasser, denn es enthält vermutlich Chlor und das ist für die Fermentation nicht gut.

Eine Anmerkung über die Rezepte in diesem Abschnitt

Wie stets bei probiotischen Getränken, sollten Sie beim Öffnen einer Flasche nach der sekundären Fermentation vorsichtig sein, denn es bildet sich Druck und das Getränk wird sprudeln. Zeigen Sie mit einer Flasche beim Öffnen niemals auf Ihr Gesicht (oder das einer anderen Person) und lassen Sie niemals ein Kind eine Flasche öffnen.

Ingwerbier

Die Herstellung von Ingwerbier umfasst drei Schritte. Wir beginnen mit dem Herstellen einer Ingwerbasis, dann wird mit Wasser, Zucker und Zitronensaft fermentiert, anschließend in Flaschen gefüllt und für die sekundäre Fermentation abgestellt. Wenn es möglich ist, etwas Ingwerstarter von einem Freund zu bekommen, der sein eigenes Ingwerbier braut, nutzen Sie diese Chance. Wahrscheinlicher ist, dass Sie Ihren eigenen Starter erzeugen müssen, was schnell und einfach geht – Sie brauchen nur etwas Zeit und müssen auf die Details achten.

Zutaten für die Ingwerbasis:

- 3 Esslöffel frischer Ingwer, geschält und gerieben
- 3 Esslöffel roher organischer Zucker
- 2 Tassen Wasser

Außerdem brauchen Sie:

- 1-Liter-Glas oder -Krug
- Ein Baumwolltuch
- Einen Gummiring
- Einen 5-Liter-Behälter

Wie Sie Ingwerstarter / Ingwerbasis machen:

1. Um die Ingwerbasis zu erstellen, geben Sie 1 Teelöffel des geschälten und geriebenen Ingwers und 1 Teelöffel Zucker in einen Krug (ein 1-Liter-Krug passt).

2. Fügen Sie zwei Tassen Quellwasser (chlorfrei) in den Krug und rühren Sie um.
3. Bedecken Sie den Krug mit einem Baumwolltuch oder Handtuch und befestigen sie es mit einem Gummiring.
4. Lassen Sie den Krug vierundzwanzig Stunden an einem dunklen Ort stehen.
5. Eine Woche lang fügen Sie täglich 1 Teelöffel Zucker und 1 Teelöffel frischen Ingwer in den Krug und rühren gut um. Dadurch wird Ihr Ingwerstarter gefüttert und wächst, ähnlich wie Sauerteigstarter. Rühren Sie täglich ein paarmal um. Während dieses Prozesses werden natürliche Hefen freigesetzt und bilden eine weiße Substanz am Boden des Kruges. Daraus entstehen die Probiotika.
6. Nach drei bis fünf Tagen (vielleicht auch mehr, wenn Ihr Haus kalt ist) beginnt die Flüssigkeit zu sprudeln, sobald Sie umrühren. Wenn Sie das Sprudeln hören, ohne den Krug zu berühren, ist Ihre Ingwerbasis fertig für die Verwendung. Das dauert in einem warmen Haus sieben bis zehn Tage, in einem kalten Haus aber länger. Wenn Ihre Ingwerbasis nach sieben Tagen noch nicht sprudelt, geben Sie weiterhin jeweils einen Teelöffel Zucker und Ingwer hinzu, bis sie sprudelt.
7. Verwenden Sie diesen Ingwerstarter, um Ingwerbier herzustellen (Anleitung folgt unten). Fügen Sie weiterhin Wasser, Ingwer und Zucker zu dem Starter hinzu, wenn Sie sie ihn für weitere Chargen von Ingwerbier verwenden wollen. Wenn sie jemals Schimmel auf der Oberfläche der Starterflüssigkeit sehen, vernichten Sie den Starter und machen Sie einen neuen.

Zutaten für das Ingwerbier:

- 1 Tasse Ingwerstarter (siehe oben)
- 4 (knappe) Liter Quell-(Mineral-) oder Brunnenwasser
- 1/3 Tasse frischer Ingwer, gerieben
- ½ Tasse frischer Zitronensaft
- 1 ¼ Tassen Zucker (organischer Rohrzucker empfohlen)

Wie Sie Ingwerstarter / Ingwerbasis herstellen:

1. Füllen Sie einen großen Behälter zum größten Teil mit Quell- oder Brunnenwasser (kein Leitungswasser verwenden, es sei denn Ihr Haus hat einen eigenen Brunnen).
2. Fügen Sie Zucker, Zitronensaft, geriebenen Ingwer und Ingwerstarter hinzu. Sehr gut umrühren.

3. Bedecken Sie den Behälter mit einem Baumwolltuch oder Handtuch, mit einem Gummiring befestigt, und stellen Sie ihn für acht bis zehn Tage an einen dunklen Ort mit Zimmertemperatur. Meiner hat in unserem sehr warmen Haus (27 Grad C) acht Tage gebraucht.
4. Machen Sie regelmäßig Geschmackstests, um den Zuckerbedarf festzustellen. Die natürlichen Probiotika werden den Zucker verzehren; wenn das Getränk also seine Süße verliert, geben Sie mehr Zucker hinzu (nicht mehr als 2 Esslöffel gleichzeitig). Aber passen Sie auf, dass Sie die Probiotika nicht überfüttern, denn mit zu viel Zucker können Sie absterben.
5. Rühren Sie die Mischung täglich ein-bis zweimal um. Sie werden die Bildung einer weißen Substanz am Boden des Kruges um den Ingwer herum bemerken. Das sind die natürlichen Hefen, die aus dem Ingwer hervorgehen – ein gutes Zeichen! Auf der Oberfläche der Flüssigkeit werden sich große Sprudelblasen bilden. Das Ingwerbier ist fertig, wenn die Substanz beim Umrühren sprudelt (ähnlich dem Vorgang beim Herstellen des Ingwerstarters).
6. Wenn das Ingwerbier fertig ist, machen Sie einen Geschmackstest. Wenn es nicht süß schmeckt, fügen Sie mehr Zucker und Ingwer hinzu, denn wenn Sie das Getränk in Flaschen füllen, läuft die zweite Fermentation und die Probiotika brauchen weiterhin Zucker als Nahrung. (*Anmerkung*: Die Rezepte in diesem Abschnitt sagen Ihnen, wie viel Zucker vor der Abfüllung in Flaschen hinzuzufügen ist).
7. An dieser Stelle können Sie das Ingwerbier entweder so abfüllen, wie es ist, oder vorher noch aromatisieren. Wenn Sie es würzen wollen, versuchen Sie es mit den Zutaten aus den Rezepten dieses Abschnitts. Gießen Sie die Flüssigkeit (mit dem Ingwerfruchtfleisch) in verschließbare Flaschen und stellen Sie diese zwei bis vier Tage in einen dunklen Raum. Dadurch wird das Ingwerbier sehr spritzig. Je wärmer der Raum ist, desto schneller wird das Getränk sprudelig, deshalb sollten Sie die Flaschen täglich öffnen und die Sprudelstärke sowie die Süße prüfen. Beides können Sie selbst bestimmen – aber seien Sie vorsichtig: wenn die Glasflaschen zu lange stehen, werden Sie irgendwann explodieren.
8. Stellen Sie die Flaschen in den Kühlschrank, um den Fermentierungsprozess zu beruhigen. Das Ingwerbier wird im Kühlschrank weiter fermentiert, also trinken Sie es am besten einige Tage, nachdem die Fermentation abgeschlossen ist. Wenn Sie es länger als eine Woche im Kühlschrank lassen, wird es „trockener", also weniger süß.
9. Sie können jetzt eine neue Portion Ingwerbier brauen, indem Sie den Ingwerstarter verwenden, den Sie erzeugt haben. Da Ihr Ingwerbier jetzt reifer ist, geht das Brauen Ihrer zweiten Portion etwas schneller.

Problemlösungen

Wenn es Ihnen sehr lange vorkommt, bis Ihr Ingwerstarter oder Ihr Ingwerbier lebendig wird (sprudelig): kein Problem. Es ist wahrscheinlich eine Folge Ihrer Haustemperatur. Wie viele andere probiotische Getränke scheint Ingwerbier eine ganze Weile keine Regung zu zeigen, während es dann plötzlich arbeitet.

Ist Ihr Ingwerbier am Ende der sekundären Fermentation zu trocken (nicht süß und stark sprudelig)? Dann hat die Hefe den gesamten Zucker in der Flasche konsumiert, sodass für sie nur wenig Süße übrig bleibt. Manche bevorzugen das Ingwerbier trocken, aber wenn Sie es lieber süß möchten, fügen Sie Ihrer nächsten Charge vor dem Abfüllen in Flaschen zusätzlichen Zucker (entweder Rohrzucker, Früchte oder Saft) hinzu.

Haben Sie eine Flasche Ingwerbier nach drei Tagen sekundärer Fermentation geöffnet und festgestellt, dass es nicht sprudelte und noch immer süß schmeckte? Wenn das zutrifft, enthält Ihr Ingwerbier noch Restzucker, der von den Probiotika verzehrt werden muss. Das ist okay! Stellen Sie diese Flaschen bei Zimmertemperatur ab, damit die sekundäre Fermentation fortgesetzt wird. Da das Getränk vor dem Abfüllen viel Zucker enthielt, brauchen die Probiotika einfach noch einen oder zwei zusätzliche Tage, um den Zucker zu konsumieren und das Getränk sprudelig zu machen. Um „flaches", nicht-sprudelndes Ingwerbier zu vermeiden, achten Sie darauf, dass vor dem Abfüllen für die sekundäre Fermentation vom Boden der Flasche kleine Blasen nach oben aufsteigen, denn das ist ein Anzeichen probiotischer Aktivität. Aber auch wenn Ihr Ingwerbier nicht besonders sprudelig ausfällt, ist es dennoch voller Probiotika und wird Ihnen sehr gut tun!

Wenn Sie jemals während des Brauens auf der Oberfläche Ihres Ingwerbiers Schimmel entdecken sollten, vernichten Sie die gesamte Portion, auch wenn es nur ein ganz kleines bisschen ist. Ingwerbier lässt sich leicht herstellen (insbesondere wenn Ihr Ingwerstarter schon bereit ist) und es lohnt sich nicht, Qualität oder Gesundheit zu opfern, auch wenn eine verdorbene Charge frustrierend ist.

Blutorangen-Ingwerbier

Blutorangen haben ihren Namen von der dunkelroten Frucht unter der Schale. Das rote Fruchtfleisch ist die Folge von Anthocyaninen, die Antioxidantien sind (dieselbe Art wie in Heidelbeeren). Die Anthocyanine machen das Fleisch nur dann rot, wenn die Orangen während des Wachstums oder nach der Ernte kaltem Klima ausgesetzt sind. Diese Anthocyanine findet man in keiner anderen Zitrusfrucht. Blutorangen sind voller Vitamin C, Vitamin A und Folsäure.

Blutorangen haben einen deutlich anderen Geschmack als normale Navelorangen. Ihr Geschmack ist viel stärker – süß und säuerlich zugleich – als der von normalen Orangen, was sie zu einer aromatischen und geschmacksstarken Zutat für probiotische Drinks macht.

Zutaten:

- Saft von drei reifen Blutorangen
- 2 Esslöffel Zucker
- 4 Tassen Ingwerbier (vgl. S. 110)

Zubereitung:

1. Geben Sie Blutorangensaft, Zucker und Ingwerbier in einen Krug. Rühren Sie kräftig um, damit der Zucker sich auflöst.
2. Gießen Sie alles in verschließbare Flaschen und schließen Sie die Deckel.
3. Lassen Sie die Flaschen 2 Tage bei Zimmertemperatur stehen, damit die sekundäre Fermentation abläuft.
4. Stellen Sie die Flaschen in den Kühlschrank, um den sekundären Fermentationsprozess zu verlangsamen.

Himbeer-Basilikum-Ingwerbier

Himbeer-Basilikum-Ingwerbier ist himmlisch! Alle Aromen passen wundervoll zusammen und ergeben ein cooles, erfrischendes und zugleich würziges Getränk. Wenn Sie noch nie ein Getränk mit frischen Kräutern probiert haben, machen Sie sich keine Sorgen! Dieser Drink schmeckt nicht so pikant wie ein frisches Basilikum-Nudelgericht; stattdessen fügt das Basilikum eine runde, etwas erdige Note hinzu und liefert die herb-würzigen Aspekte des Getränks. Himbeeren passen zu den meisten Kräutern, also versuchen Sie dieses Rezept mit Salbei, Minze oder sogar etwas Rosmarin!

Zutaten:

- 2 Tassen frische Himbeeren
- 10 bis 15 frische Basilikumblätter, zerkleinert
- ½ Tasse Quell- oder Brunnenwasser
- 2 Esslöffel Zucker
- 8 Tassen Ingwerbier (vgl. S. 110)

Zubereitung:

1. Erhitzen Sie Himbeeren, Basilikum und Wasser in einem Kochtopf bei mittlerer Hitze, bedeckt.
2. Bringen Sie die Mischung voll zum Kochen, dann reduzieren Sie die Hitze und lassen es sieden, 3 bis 5 Minuten bzw. so lange, bis die Himbeeren ihre Form verlieren. Zerdrücken Sie die Himbeeren dann mit einer Gabel.
3. Lassen Sie die Mischung auf Zimmertemperatur abkühlen. Um diesen Vorgang zu beschleunigen, geben Sie die Mischung in einen Behälter und stellen ihn in den Kühlschrank.
4. Mischen Sie die Himbeer-Basilikum-Mischung in einem großen Krug mit dem Ingwerbier und rühren Sie gut um.
5. Gießen Sie das Himbeer-Basilikum-Ingwerbier in verschließbare Flaschen (mit dem Fruchtfleisch und dem Basilikum). Wenn auf dem Boden des Krugs noch Himbeeren oder Basilikum sind, löffeln Sie es in die Flaschen.
6. Sichern Sie die Flaschenverschlüsse und lassen Sie sie zwei bis drei Tage bei Zimmertemperatur stehen, sodass die sekundäre Fermentation stattfinden kann.
7. Stellen Sie die Flaschen für die Verlangsamung der Fermentation in den Kühlschrank. Am besten genießen Sie das Getränk mindestens vierundzwanzig Stunden später, denn die Fermentierung geht weiter und das Getränk wird sprudelig.
8. Vor dem Trinken entfernen Sie das Fleisch der Himbeeren und das Basilikum mit einem feinen Sieb. Genießen Sie Ihr köstliches Getränk!

Kokosnuss-Basilikum-Ingwerbier

Kokosmilch, Basilikum und Ingwer passen nahtlos zusammen. Alle drei generieren einen sahnigen, süßen, würzigen Geschmack. Die sahnige Kokosmilch beruhigt die Würze und Spritzigkeit des Ingwerbiers und das Basilikum fügt ein einzigartiges Aroma hinzu. Beachten Sie, dass dieses Rezept keine sekundäre Fermentation erfordert. Die Zutaten werden mit einmal fermentiertem Ingwerbier kombiniert, das sofort als köstliches Getränk serviert wird. Dieses Getränk passt hervorragend zu jedem internationalen Essen, insbesondere zu Curry-Gerichten.

Zutaten:

- 10 Blätter frisches Basilikum, grob zerkleinert
- ¾ Tasse Kokosmilch (vollfett aus der Dose)*
- 4 ½ Tassen Ingwerbier (vgl. S. 110)
- 1 Esslöffel Agavennektar (optional)

* Wenn Ihr Haus kühl ist, können sich das Kokosfett und das -wasser in der Dose trennen. Wenn das passiert, rühren Sie es einfach um, so gut Sie können.

Zubereitung:

1. Erhitzen Sie Kokosmilch, Agavennektar und zerkleinertes Basilikum bei mittlerer Hitze, bis es köchelt.
2. Vom Herd nehmen und 5 bis 10 Minuten stehen lassen, damit das Basilikumaroma eindringen kann.
3. Schütten Sie die Mischung in ein Glas oder einen Behälter und stellen Sie sie in den Kühlschrank, bis sie vollständig abgekühlt ist.
4. Sobald sie kalt ist, trennen Sie das Basilikum mit einem Sieb von der Kokosmilch und entfernen das Basilikum. Mischen Sie die Kokosmilchmischung mit dem Ingwerbier.
5. Gießen Sie das Basilikum-Kokosnuss-Ingwerbier in Gläser. Die Kokosmilch steigt nach oben und wird leicht schaumig. Sie können sie so lassen oder mit einem Löffel umrühren.
6. Gekühlt servieren und genießen!

Grapefruit-Rosmarin-Ingwerbier

Wenn man Kräuter in Fruchtsaft tränkt, bekommt man einzigartige, tolle Aromen. In diesem Fall mildert der erdige Rosmarin das Zitrusaroma des Grapefruitsaftes, sodass ein wohlschmeckendes, sehr erfrischendes Getränk entsteht. Dieses Rezept ist eine gute Grundlage für ein alkoholisches Getränk. Sie können es z. B. für eine tolle, ganz spezielle Paloma verwenden und Tequila hinzugeben, das ergibt einen süffigen Cocktail.

Zutaten:

- 4 Tassen Ingwerbier (vgl. S. 110)
- Saft von 2 Grapefruits (1 Tasse frischer Grapefruitsaft)
- 2 bis 3 Esslöffel Agavennektar, optional
- 2 Esslöffel frische Rosmarin-Sprossen

Zubereitung:

1. Erhitzen Sie den Grapefruitsaft mit dem Rosmarin und dem Agavennektar vorsichtig in einem kleinen Kochtopf bis knapp unter den Siedepunkt.
2. Nehmen Sie den Topf von der Platte und lassen Sie ihn leicht abkühlen.
3. Gießen Sie den Saft mit den Rosmarinsprossen in einen Behälter und lassen Sie ihn im Kühlschrank vollständig abkühlen.
4. Kombinieren Sie das Ingwerbier mit dem gekühlten Grapefruit-Rosmarin-Saft, wobei die Rosmarinsprossen im Saft bleiben. Wenn Sie den Rosmarin drin lassen, bekommt das Ingwerbier ein stärkeres Rosmarinaroma.
5. Trinken Sie das Getränk sofort oder gießen Sie es in verschließbare Flaschen, um eine sekundäre Fermentation zu ermöglichen. Lassen Sie die Flaschen zwei bis vier Tage bei Zimmertemperatur stehen, dann stellen Sie sie in den Kühlschrank, um die Fermentation zu verlangsamen.
6. Vor dem Trinken entfernen Sie die Rosmarinsprossen mit einem Sieb – dann genießen!

Limetten-Ingwerbier

Wenn Limetten Saison haben, freuen sich Cocktailliebhaber. Diese kleinen Limetten haben viel Aroma und machen ein würziges Getränk zu etwas Besonderem. Limetten sind auch wunderbar zum Backen geeignet, aber am besten passen Sie zu Getränken, die sie zum leichten Genuss machen. Zwar kostet das Auspressen von Limetten etwas Zeit und der Ertrag an Saft verglichen mit Zitronen ist bescheiden, aber der Aufwand lohnt sich in jedem Fall.

Zutaten:

- 4 Tassen Ingwerbier (vgl. S. 110)
- 12 Limetten, ausgepresst
- 2 Esslöffel Agavennektar, je nach Geschmack

Zubereitung:

1. Kombinieren Sie alle Zutaten in einem Krug und rühren Sie gut um.
2. Genießen Sie das Getränk sofort oder füllen Sie es für die sekundäre Fermentation in verschließbare Flaschen. Lassen Sie die Flaschen zwei bis drei Tage bei Zimmertemperatur stehen. Vor dem Trinken stellen Sie die Flaschen zum Kühlen in den Kühlschrank.

Erdbeer-Ingwerbier

Wenn Sie zu Ihrem selbst gemachten Ingwerbier frische Erdbeeren hinzufügen, erhalten Sie ein süßes, knackiges, sommerliches Getränk. Dieses Rezept ist einfach und braucht wenig Vorbereitungszeit, sodass Sie es zwei- oder dreimal anwenden und sich Vorräte anlegen können. Während Erdbeer-Ingwerbier als Getränk wunderbar ist, kann man es auch fantastisch für andere Zwecke verwenden! Sehen Sie sich das Rezept zum Erdbeer-Vanille-Ingwerbierkompott an, denn Probiotika können auch tolle Desserts ergeben!

Zutaten:

- 2 Tassen frische, reife Erdbeeren, zerkleinert
- ½ Tasse Wasser
- 2 Esslöffel Zucker
- 8 Tassen Ingwerbier (vgl. S. 110)

Zubereitung:

1. Erhitzen Sie Erdbeeren und Wasser im bedeckten Kochtopf bei mittlerer Hitze. Lassen Sie die Mischung kurz aufkochen.
2. Sobald die Erdbeeren ihre Form verlieren, zerdrücken Sie sie mit einer Gabel. Rühren Sie den Zucker hinein. Die Mischung wird die Konsistenz von Sirup bekommen.
3. Lassen Sie die Mischung auf Zimmertemperatur abkühlen. Um den Vorgang zu beschleunigen, können Sie alles in eine Schüssel füllen und im Kühlschrank abkühlen.
4. Kombinieren Sie die Erdbeermischung mit dem Ingwerbier in einem Krug oder einer Kanne und rühren Sie gut um.
5. Gießen Sie das Erdbeer-Ingwerbier in verschließbare Behälter (Flaschen mit Schraubverschluss empfohlen).
6. Zwei Tage bei Zimmertemperatur stehen lassen, dann die Flaschen in den Kühlschrank stellen.
7. Wenn das Getränk fertig ist, öffnen Sie die Flaschen bitte sehr vorsichtig, denn es hat sich sicherlich Druck aufgebaut.
8. Entfernen Sie die Erdbeerreste aus dem Ingwerbier mit einem feinen Sieb und werfen Sie sie weg.
9. Genießen Sie Ihr köstliches Erdbeer-Ingwerbier!

Erdbeer-Vanille-Ingwerbier-Cup

Wenn Sie noch nie ein Dessert mit Ingwerbier probiert haben, sollten Sie das unbedingt tun! Ohne ein Ingwerbier-Dessert wäre dieses Kapitel niemals vollständig. Mein erstes Ingwerbier-Dessert bekam ich in einem Sushi-Restaurant in Idaho. Das Dessert umfasste Grüntee-Eis (immer eines meiner liebsten) und ein besonders stark schmeckendes Ingwerbier. Die Geschmackskombination gefiel mir sehr gut, ebenso die Zubereitung!

Dieses Erdbeer-Vanille-Dessert beinhaltet die Gesundheitsvorzüge des probiotischen Ingwerbiers, das meiner Ansicht nach das dekadente Dessert ausgleicht. Es ist reich und sahnig mit einem schönen Ingweraroma, das die Süße ausgleicht. Es gibt vielfältige Möglichkeiten, Kombinationen mit Ingwerbier zu Desserts zu machen, also seien Sie kreativ!

Zutaten:

- ½ Liter Vanille-Eiscreme
- 2 Tassen selbst gemachtes Erdbeer-Ingwerbier (vgl. S. 125)

Zubereitung:

1. Füllen Sie hohe Gläser mit der gewünschten Menge Eiscreme.
2. Öffnen Sie vorsichtig eine Flasche Erdbeer-Ingwerbier und entfernen Sie mit einem Sieb das Erdbeerfruchtfleisch; gießen Sie das Ingwerbier über die Eiscreme.
3. Mit Freunden genießen!

Reicht für 3 bis 4 Personen.

Andere Ingwerbier-Dessertkombinationen: Grüntee-Eiscreme und normales Ingwerbier; Mangosorbet und Ananas-Ingwerbier.

Ananas-Ingwerbier

Lassen Sie sich von diesem simplen Rezept nicht täuschen: das Getränk ist voller Geschmack und gesundheitlicher Vorzüge! Ananassaft hilft bekanntlich gegen Verdauungsprobleme und die Tatsache, dass auch Ingwer gegen Übelkeit und Magenbeschwerden wirkt, macht diesen Drink zum perfekten Mittel für alle, die Schwierigkeiten mit der Verdauung haben.

Ananas hat sehr viel Vitamin C, B_6 und Thiamin. Es ist auch reich an einem Enzym namens Bromelain, das die Verdauung unterstützt und bei der Eiweißzerlegung in Lebensmitteln hilft. Alles in allem beruhigt dieses Getränk den Magen, stärkt das Immunsystem und hilft dem Darm bei seinen wichtigen Verdauungsaufgaben.

Zutaten:

- 2 Tassen 100%iger Ananassaft
- 7 Tassen Ingwerbier (vgl. S. 110)

Zubereitung:

1. Mischen Sie den Ananassaft und das Ingwerbier in einem großen Krug.
2. Gießen Sie es in verschließbare Flaschen und sichern Sie die Verschlüsse.
3. Lassen Sie die Flaschen zwei oder drei Tage an einem warmen, dunklen Ort stehen.
4. Für höchsten Genuss vor dem Trinken vierundzwanzig Stunden in den Kühlschrank stellen.

Wasser-Kefir und Kefirsoda

Über Wasser-Kefir

Wasserkefir, nicht zu verwechseln mit milchbasiertem Kefir, wird durch die Verwendung von Kefir-„Körnern“ fermentiert. Wie Milchkefir-Körner sind auch Wasserkefir-Körner keine wirklichen Körner. Es sind Mengen von Hefen und Bakterien, die leicht transparent und geformt sind wie Blumenkohlröschen. Wasserkefir-Körner brauchen zum Fermentieren nur Wasser und Zucker. Während die Aktivierung von getrockneten Kefirkörnern (weiter unten in der Zubereitungsanleitung erklärt) zwei bis drei Wochen dauern kann, geht der Fermentationsprozess dann relativ schnell, sobald die Körner aktiviert sind. Dieses milchfreie Getränk stellt eine außergewöhnliche Methode dar, Probiotika zu sich zu nehmen, nicht zu dehydrieren und zugleich den Körper zu entgiften!

Wie die meisten Getränke in diesem Buch kann auch Wasserkefir eine sekundäre Fermentation durchlaufen und sprudelig werden. Dieses Getränk nennt sich Kefir-Soda. Wenn die primäre Fermentation abgeschlossen ist, können Sie Schluss machen und den Wasserkefir genießen, aber die Aromatisierung von Wasserkefir für die sekundäre Fermentation macht Spaß und gibt dem natürlich schäumenden Getränk ordentlich Mumm.

Wenn Sie niemanden kennen, der Wasserkefir macht, müssen Sie dehydrierte Kefirkörner kaufen. Im Internet gibt es dafür viele zuverlässige Lieferquellen. Damit sie für die Fermentation effektiv sind, müssen dehydrierte Wasserkefirkörner rehydriert und aktiviert werden. Dieser Prozess kann eine Weile dauern (eine bis drei Wochen), aber wenn die Körner erst einmal aktiviert sind, können sie immer wieder für die Herstellung von probiotischem Soda verwendet werden.

Gesundheitsvorzüge von Wasserkefir und Kefirsoda

Neben seiner probiotischen Intensität ist Wasserkefir (und auch Kefirsoda) ein sehr hydrierendes Getränk und damit ein hervorragender Ersatz für elektrolytische Sportdrinks, denn er enthält Enzyme und Mineralien. Wasserkefir hilft Entzündungen zu lindern und damit jegliche Magenbeschwerden zu bessern, außerdem hilft er bei der Heilung von Hautirritationen wie Ekzemen und Akne. Das Trinken von Wasserkefir ist auch sehr gut für die Entgiftung, denn das Getränk hilft bei der Reinigung der Leber.

Sekundäre Fermentation

Wenn der Wasserkefir fertig fermentiert ist, können Sie ihn entweder sofort konsumieren oder Zutaten hinzugeben, sodass die sekundäre Fermentation ermöglicht wird. Dieser Prozess generiert solange Kefirsoda, wie reichlich Zucker (von Früchten, Fruchtsaft oder Rohrzucker) bzw. Fruchtfleisch hinzugefügt wird, wodurch der Wasserkefir sprudelig wird. Die sekundäre Fermentation von Kefirsoda dauert zwei bis drei Tage und ergibt ein wundervoll spritziges Getränk.

Wenn Sie nach der sekundären Fermentation Flaschen öffnen, sollten Sie immer vorsichtig sein, denn es bildet sich Druck und Flüssigkeit kann herausspritzen. Vor allem bei Flaschen mit Kapselverschlüssen müssen Sie besonders aufpassen, weil diese so luftdicht abgeschlossen sind, dass sich besonders starker Druck aufbaut. Beim Öffnen einer Kefirsoda-Flasche zeigen Sie immer weg von Ihrem Gesicht und niemals auf andere Personen. Ein Kind sollte eine Kefirsoda-Flasche niemals öffnen.

Wasserkefir aromatisieren oder in Kefirsoda verwandeln

Wasserkefir schmeckt am besten, wenn er aromatisiert wird. Ohne zusätzliche Zutaten hat Wasserkefir einen leicht süßen, zitronenartigen und hefigen Geschmack, der gewöhnungsbedürftig sein kann. Fruchtsäfte oder ganze Früchte, Kräuter oder Tees können dann den Geschmack ergeben, der Ihnen gefällt. Wenn Sie eher süße Getränke mögen, geben Sie etwas Saft oder Obst zu, bevor Sie die Flaschen für die sekundäre Fermentation verschließen, damit die Probiotika genügend Zucker für die zweite Fermentierung haben und noch immer etwas Süße erhalten bleibt.

Die einfachste Methode, Wasserkefir zu aromatisieren, ist die Zugabe von 100%igen Säften vor dem Abfüllen für die sekundäre Fermentation. Etwa 1 Tasse Saft auf 4 Tassen Wasserkefir ergibt ein gutes Aroma und viel Sprudel. Offenbar bevorzugen alle probiotischen Drinks für die sekundäre Fermentation Fruchtzucker gegenüber Rohrzucker. Wasserkefir wird zu Kefirsoda und äußerst spritzig, wenn Früchte und/oder Fruchtsaft vor der sekundären Fermentation hinzugefügt werden.

Wichtige Vorsichtsmaßnahmen

Kefirkörner reagieren sehr negativ auf Metalle. Sorgen Sie deshalb dafür, dass Wasserkefirflüssigkeit oder -körner niemals mit Metall in Berührung kommen. Wenn Sie den Wasserkefir von den Körnern trennen, benutzen Sie immer ein feines Plastiksieb, das Sie in vielen Läden oder online kaufen können.

Für die Fermentation von Wasserkefir verwenden Sie einen Glasbehälter. Glas lässt sich leicht reinigen und hält keine Bakterien, Chemikalien oder BPA. Wenn Sie alles vermeiden wollen, was Ihren probiotischen Drink vergiften könnte, brauen Sie ihn am besten in Glas.

Wenn Ihr Wasserkefir irgendwann ranzig oder wie saure Milch riecht, ist Ihre Portion schlecht geworden und Sie müssen leider mit neuen Körnern beginnen. An den ersten ein bis zwei Tagen der Fermentation hat die Flüssigkeit praktisch keinen Geruch und am dritten oder vierten Tag riecht sie nach Zitronen und Hefe. Der Geruch sollte niemals abstoßend oder faulig sein und solange Sie die Anleitungen sorgfältig beachten, haben Sie keine Probleme.

Wie die meisten probiotischen Drinks steht Wasserkefir während der Fermentation am liebsten bei Zimmertemperatur, etwa 20 bis 25 Grad C. Der Behälter, in dem Wasserkefir fermentiert, sollte sich beim Anfassen niemals warm anfühlen – wenn er es tut, riskieren Sie, dass die Probiotika absterben.

Wie bei Brothefe (oder jeder anderen Lebendkultur) können Sie die Wasserkefirkultur töten, wenn Sie in Ihrer Zuckerwasserlösung zu viel Zucker verwenden. Vielleicht wollten Sie den Wasserkefirkörnern etwas Gutes tun, aber mit mehr Zucker als hier in diesen Rezepten empfohlen töten Sie möglicherweise Ihre Wasserkefirkörner und/oder die Probiotika in dem Getränk.

Sie sollten den Wasserkefir in einer sauberen Umgebung halten, aber Sie müssen den Behälter nicht reinigen, in dem der Wasserkefir zwischen den Chargen braut (das gilt auch für das Brauen von Kombucha und Jun). Solange die Kultur, die Sie brauen, gesund ist, verhindern die Probiotika das Wachstum schlechter Bakterien im Krug, sodass das Reinigen zwischen den Portionen überflüssig ist. Trotzdem empfehle ich zur Beruhigung, den Behälter alle paar Chargen zu reinigen, weil sich an den Rändern des Behälters ein schleimiger Film bildet. Das ist zwar völlig normal, aber allein aus ästhetischen Gründen empfiehlt sich von Zeit zu Zeit eine gründliche Säuberung mit heißem Wasser und Seife.

Die Anweisungen unten beschreiben von A bis Z, wie man Wasserkefir braut, gefolgt von Rezepten für köstliche probiotische Soda-Aromen. Wir beginnen mit der Aktivierung von Kefirkörnern, dann kommt die Herstellung von Wasserkefir, schließlich der Prozess, wie Wasserkefir die sekundäre Fermentation durchläuft und zu einem spritzigen „Soda“ wird.

Instrumente, die Sie für die Herstellung von Wasserkefir brauchen

- 1 großer Glasbehälter (kein Deckel erforderlich)
- Baumwoll- oder Küchentuch
- Gummiring
- Feines Plastiksieb (ein kleines, passend für ein Glas)
- Dehydrierte (oder hydrierte) Wasserkefirkörner

Um dehydrierte Kefirkörner zu aktivieren

1. Lösen Sie 1/3 Tasse Zucker in 4 Tassen Wasser auf. Lassen Sie das Zuckerwasser auf Zimmertemperatur abkühlen. Wenn es wärmer als Zimmertemperatur ist, können die Kulturen von Bakterien und Hefe getötet werden.
2. Gießen Sie das Zuckerwasser in einen Glasbehälter mit den dehydrierten Kefirkörnern. Bedecken Sie den Behälter mit einem Baumwoll- oder Küchentuch, das mit einem Gummiring zusammengehalten wird, damit das Ungeziefer ferngehalten wird. Stellen Sie den Behälter auf ein Board, in einen Schrank oder an eine sonstige ungestörte Stelle.
3. Lassen Sie ihn zwei bis drei Tage stehen, aber nicht länger als fünf Tage.
4. Entfernen Sie Körner mit einem feinen Plastiksieb und trennen Sie die Flüssigkeit davon.
5. Wiederholen Sie den Vorgang mehrfach, bis die Kefirkörner „aktiv" sind. Das ist der Fall, wenn das Wasser, in dem Sie sich befinden, an der Oberfläche sprudelig wird und nach Hefe und Zitronen duftet. Die Flüssigkeit darf zu keiner Zeit faul riechen, wie verdorbene Milch. Wenn das geschieht, vernichten Sie die Charge Wasserkefir und die Körner und starten Sie mit einer neuen Menge von Körnern. Ihre Körner sollten fleischig aussehen und leicht durchsichtig. Sie werden weiter wachsen und an kleine Blumenkohlröschen erinnern.

Anmerkung:

Der Aktivierungsprozess kann wirklich einige Wochen dauern. Meine eigenen dehydrierten Körner brauchten volle drei Wochen für die Aktivierung. Ja, das bedeutet, Sie werden Portion für Portion von Zuckerwasser weggießen, um die Körner zu füttern und gesund zu halten. Es scheint verschwenderisch, aber wenn die Körner schließlich aktiv sind, hat es sich gelohnt und Sie können mit den Rezepten dieses Abschnitts experimentieren!

Um Wasserkefir herzustellen

1. Lösen Sie ½ Tasse Zucker in 10 Tassen Wasser auf.
2. Lassen Sie das Zuckerwasser auf Zimmertemperatur abkühlen. Gießen Sie es in ein große Glasgefäß, dann fügen Sie die aktivierten Kefirkörner hinzu.
3. Bedecken Sie das Gefäß mit einem Baumwoll- oder Küchentuch und befestigen Sie dieses mit einem Gummiring.
4. Lassen Sie die Körner zwei bis drei Tage bei Zimmertemperatur stehen. Möglicherweise müssen Sie die Fermentierungsdauer auf vier Tage verlängern, wenn Ihr Haus kühl ist, aber lassen Sie Wasserkefir nie länger als fünf Tage stehen, sonst verhungern Ihre Körner. Sie werden bemerken, dass kleine Blasen vom Boden des Krugs nach oben aufsteigen und etwas Schaum oder größere Blasen an die Oberfläche steigen. Die Flüssigkeit wird hefig und nach Zitrone duften. Das alles sind Anzeichen, dass Ihr Wasserkefir fertig ist!
5. Sieben Sie die Flüssigkeit in einen Krug oder in Flaschen, um sie zu aromatisieren (oder trinken Sie sie pur).
6. Jetzt können Sie Ihre erste Portion von Wasserkefir in Flaschen füllen und eine neue Charge ansetzen, unter Verwendung derselben Wasserkefirkörner. Sie können diese Körner unendlich verwenden, solange Sie sie gesund erhalten!

Um den Wasserkefir zu aromatisieren oder Kefirsoda zu machen

1. Bereiten Sie eines der Rezepte aus diesem Abschnitt vor oder geben Sie 100%igen reinen Fruchtsaft Ihrer Wahl zum Wasserkefir hinzu (etwa 1 Tasse Fruchtsaft auf 4 Tassen Wasserkefir).
2. Füllen Sie die Flüssigkeit in einen luftdicht verschlossenen Behälter.
3. Lassen Sie die Flaschen zwei bis drei Tage bei Zimmertemperatur stehen, um die sekundäre Fermentation zu ermöglichen.
4. Stellen Sie die Flaschen in den Kühlschrank, um die Fermentation zu verlangsamen. Beachten Sie, dass ein wenig Fermentation im Kühlschrank trotzdem weitergeht. Für optimalen Genuss warten Sie volle vierundzwanzig Stunden, bevor Sie den gekühlten Kefirsoda trinken; je länger Sie warten, desto stärker sprudelt er.

Kirsch-Limetten-Soda

Eine absolut sichere Methode, sprudelnden Kefirsoda zu bekommen, besteht in der Zugabe von reinem Fruchtsaft vor der Flaschenabfüllung. Die Probiotika fermentieren weiter, indem Sie die Fruktose verzehren; in den verschlossenen Flaschen bildet sich Gasdruck und so entsteht ein Getränk mit Kohlensäure. Kirschen sind immer eine köstliche Wahl für ein spritziges Getränk und sie sind voller Nährstoffe! Sie enthalten Anthocyanine in intensiver Dichte; das sind Antioxidantien, die Herzkrankheiten und Krebs verhindern können. Anthocyanine sind außerdem entzündungshemmend, was für die Erhaltung gesunder Gelenke wichtig ist und sogar Arthritis erleichtert. Kirschen enthalten viel Folat, Magnesium, Eisen, Kalium sowie Vitamin C und E! Diese Superfrucht gilt als Hirnnahrung, die Informationsverarbeitung und Gedächtnis unterstützt. Mixen Sie den Saft mit frisch gepresstem Limettensaft und Sie haben Ihr eigenes spritziges und köstliches Soda.

Zutaten:

- 2 Tassen 100%iger Kirschsaft
- Saft von 5 Limetten
- 8 Tassen Wasserkefir (vgl. S. 135)

Zubereitung:

1. Geben Sie alle Zutaten in eine Kanne oder einen Krug und rühren Sie alles um.
2. Gießen Sie alles in verschließbare Flaschen.
3. Lassen Sie die Flaschen zwei bis drei Tage bei Zimmertemperatur stehen.

Vanille-Wasserkefir

Wenn Sie jemals überlegt haben, selbst Soda zu machen, dann hatten Sie vermutlich die Idee, Cremesoda herzustellen. Während sie dafür nur etwas Zucker und Vanillepaste brauchen, um das Aroma nachzuahmen, wird das Getränk damit aber nicht sprudelig, denn Wasserkefir scheint Fruchtzucker zu benötigen, um zu sprudeln; Rohrzucker scheint nicht zu funktionieren. Dieses Getränk ist ein Genuss, so wie es ist; Sie können aber auch Ihren Lieblingssaft anstatt des Zuckerwassers nehmen, um ein noch spritzigeres, fruchtiges Vanillegetränk zu bekommen.

Zutaten:

- ½ Tasse Wasser
- ½ Tasse Zucker
- 3 Teelöffel Vanillepaste*
- 8 Tassen Wasserkefir (vgl. S. 135)

* Vanillepaste finden Sie in den meisten Bioläden. Sie ähnelt Vanilleextrakt. Sie können die Vanillepaste durch 3 Teelöffel Vanilleextrakt oder das Ausgeschabte von 3 Vanillebohnen ersetzen.

Zubereitung:

1. Lösen Sie den Zucker im Wasser auf, indem Sie ihn in einem Kochtopf auf dem Herd erhitzen. Sobald der Zucker im Topf ist, nehmen Sie den Topf vom Herd und fügen die Vanillepaste hinzu; zum Binden umrühren.
2. Lassen Sie die Vanillemischung vollständig abkühlen, indem Sie sie in einen Behälter füllen und diesen in den Kühlschrank stellen, bis Zimmertemperatur erreicht ist (ungefähr bei 22 Grad C).
3. In verschließbare Flaschen füllen.
4. Sichern Sie die luftdichten Verschlüsse und lassen Sie die Flaschen zwei bis drei Tage bei Zimmertemperatur stehen, für die sekundäre Fermentation.
5. Stellen Sie die Flaschen zur Verlangsamung der Fermentation in den Kühlschrank.
6. Gekühlt trinken und genießen!

Orangen-Ingwer-Soda

Zitrusfrüchte und frischer Ingwer sind ein gutes Paar. Ingwer wirkt phänomenal gegen Übelkeit und Magenschmerzen und ist ein natürliches Antibiotikum. Die Kombination aus frischem Orangensaft und Ingwer mit Wasserkefir, der schon reich an Probiotika ist, ergibt ein linderndes, immunsystemstärkendes Elixier, das zu jeder Jahreszeit wundervoll ist und vor allem Erkältungen mildert. Dieses Rezept ergibt sprudelnden, aromatischen Kefirsoda, der das ganze Jahr über einfach zu machen ist.

Zutaten:

- 3 Tassen Orangensaft (kein Konzentrat)
- 2 Esslöffel frischer Ingwer, gerieben
- 8 Tassen Wasserkefir (vgl. S. 135)

Zubereitung:

1. Geben Sie alle Zutaten in einen Behälter und rühren Sie gut um.
2. Gießen Sie den Orangen-Ingwer-Wasserkefir in verschließbare Flaschen und sichern Sie die Verschlüsse.
3. Lassen Sie die Flaschen drei Tage bei Zimmertemperatur stehen, um die sekundäre Fermentation zu ermöglichen.
4. Stellen Sie die Flaschen in den Kühlschrank, um die Fermentation zu verlangsamen und das Getränk für den Genuss zu kühlen.
5. Vor dem Trinken entfernen Sie das Ingwerfruchtfleisch mit einem feinen Sieb, sodass Sie nur den Saft im Glas behalten.

Pfirsich-Soda

Pfirsiche geben Kefirsoda ein weiches und süßes Aroma und das Fruchtfleisch macht das Soda sehr sprudelig. Nach der sekundären Fermentation sollten Sie beim Öffnen der luftdicht verschlossenen Flaschen sehr vorsichtig hantieren, vor allem wenn es Kapselverschlüsse sind. Während der sekundären Fermentation bildet sich Druck und beim Öffnen kann das Getränk heraussprudeln, wenn die Flaschen zu lange bei Zimmertemperatur gestanden haben.

Zutaten:

- 2 große reife Pfirsiche, geschält, entkernt und zerkleinert
- ½ Tasse Wasser
- ¼ Tasse Zucker
- 8 Tassen Wasserkefir (vgl. S. 135)

Zubereitung:

1. Geben Sie die zerkleinerten Pfirsiche und das Wasser in einen kleinen Kochtopf. Bedecken und bei mittlerer bis zum Siedepunkt erhitzen.
2. Die Temperatur auf ein leichtes Köcheln reduzieren und den Topf bedeckt lassen, bis die Pfirsiche nach etwa 30 Minuten ganz die Form verlieren. Zerdrücken Sie die Pfirsiche und rühren Sie die Früchte gelegentlich um; die letzten 10 Minuten ohne Deckel kochen, damit die Mischung eindickt. Die Substanz soll dick und ziemlich weich sein, aber ein paar kleine Stückchen darin sind okay.
3. Fügen Sie den Zucker hinzu und rühren Sie ihn zum Auflösen um. Den Topf vom Herd nehmen und die Pfirsichmischung auf Zimmertemperatur abkühlen lassen.
4. Mischen Sie die Pfirsichmischung mit dem Wasserkefir in einer Kanne oder einem Krug und rühren Sie gut um.
5. In verschließbare Flaschen füllen und die verschlossenen Flaschen zwei bis drei Tage für die sekundäre Fermentation stehen lassen.
6. Zum Beenden der Fermentation stellen Sie die Flaschen in den Kühlschrank.
7. Wenn Ihr Soda kleine Pfirsichstückchen oder Fruchtfleisch enthält, können Sie das Getränk durchsieben. Kalt servieren und genießen!

Sarsaparillen-Wasserkefir

Wenn Sie ein Fan von Root Beer sind, wird Ihnen das Brauen von Sarsaparillen-Wasserkefir zu Hause hervorragend gefallen. Alles was Sie brauchen, ist Sarsaparillenwurzel, die Sie im Bioladen erhalten, und schon sind sie unterwegs zu Wasserkefir mit Rootbeeraroma! Weil Wasserkefir am stärksten sprudelt, wenn man Fruchtsaft oder frische Früchte verwendet, wird dieses Getränk nicht sehr spritzig, obwohl es nach dem Abschluss der sekundären Fermentation durchaus etwas sprudelt. Das Getränk hat nicht die Kohlensäureeigenschaften von Root Beer, aber es schmeckt sicherlich so!

Sarsaparillenwurzeln enthalten Saponin, das der Wurzel antibakterielle und entzündungshemmende Eigenschaften verleiht. Sie lindern auch Verdauungsprobleme und reinigen das Blut, was diese Wurzel für die Naturmedizin sehr nützlich macht.

Zutaten:

- 1 Tasse Wasser
- ¼ Tasse Sarsaparillenwurzel
- ¼ Tasse Zucker
- 4 Tassen Wasserkefir (vgl. S. 135)

Zubereitung:

1. 1 Tasse Wasser in einem Kochtopf bis zum Kochen erhitzen. Fügen Sie die Sarsaparillenwurzel und den Zucker hinzu und lassen Sie alles mindestens 30 Minuten einweichen.
2. Lassen Sie den Tee auf Zimmertemperatur abkühlen (oder stellen Sie ihn in den Kühlschrank, dann kühlt er schneller ab).
3. Mischen Sie den Wasserkefir und den Sarsaparillentee in einem Krug. Löffeln Sie das Fleisch der Sarsaparillenwurzel in die Flaschen – es hilft bei der sekundären Fermentation und verstärkt das Aroma des Getränks.
4. Gießen Sie die Mischung in verschließbare Glasflaschen.
5. Lassen Sie die Flaschen drei Tage bei Zimmertemperatur stehen.
6. Stellen Sie die Flaschen zum Kühlen in den Kühlschrank.
7. Vor dem Trinken entfernen Sie die Sarsaparillenwurzeln mit einem feinen Sieb.

Himbeer-Kefirsoda

Probiotische Drinks mit Himbeergeschmack mag fast jeder. Sie können dieses Getränk entweder sofort nach der Zubereitung als Wasserkefir servieren oder in luftdicht verschlossene Flaschen füllen und dann ein paar Tage lang die sekundäre Fermentation durchlaufen lassen, sodass daraus Himbeersoda wird.

Zutaten:

- 2 Tassen frische Himbeeren
- ½ Tasse Wasser
- ¼ Tasse Zucker
- 8 Tassen Wasserkefir (vgl. S. 135)

Zubereitung:

1. Erhitzen Sie Himbeeren, Wasser und Zucker in einem Kochtopf und bringen Sie alles voll zum Kochen.
2. Reduzieren Sie die Hitze und lassen Sie die Mischung ein paar Minuten köcheln.
3. Von der Platte nehmen und die Mischung bis auf Zimmertemperatur abkühlen lassen. Zur Beschleunigung des Vorgangs gießen Sie die Himbeermischung in eine Schüssel und kühlen Sie sie im Kühlschrank ab.
4. Geben Sie die Himbeermischung und den Wasserkefir in einen Behälter und rühren Sie gut um.
5. Gießen Sie die Flüssigkeit (mit dem Himbeerfruchtfleisch) in verschließbare Flaschen.
6. Verschließen Sie die Flaschen und lassen Sie sie zwei bis drei Tage für die sekundäre Fermentation bei Zimmertemperatur stehen. Je länger sie bei Zimmertemperatur stehen, desto spritziger wird das Soda. Passen Sie also auf, dass Sie die Flaschen nicht zu lange stehen lassen, andernfalls sprudeln sie beim Öffnen über.
7. Vor dem Trinken entfernen Sie das Himbeerfruchtfleisch mit einem feinen Sieb.

Kefir-Limonade

Dieses Buch enthält ein ganzes Kapitel über probiotische Limonade, aber wir wollen nicht vergessen, dass man auch aus Kefir Limonade machen kann! Das ist ein tolles Einführungsrezept für jene, die noch nie Wasserkefir probiert haben, weil der Zitronensaft als bestimmender Geschmack durchscheint und ein erfrischendes Getränk erschafft. Dieses einfache Rezept ist perfekt für jemanden, der mit probiotischen Getränken anfängt und angenehm für Jugendliche, denen stärkere Getränke wie Kombucha nicht behagen.

Beachten Sie, dass dieses Getränk nicht sehr sprudelig wird, auch nicht nach der sekundären Fermentation. Sie können es deshalb direkt nach dem Zubereiten servieren oder in Flaschen füllen, für die sekundäre Fermentation, um die Probiotika und Hefen weiter zu füttern.

Zutaten:

- ½ Tasse frischer Zitronensaft (gepresst aus etwa 4 Zitronen)
- ¼ Tasse Wasser
- ¼ Tasse Zucker
- 8 Tassen Wasserkefir (vgl. S. 135)

Zubereitung:

1. Zitronensaft, Wasser und Zucker in einem Topf leicht erhitzen, bis sich der Zucker auflöst.
2. Die Mischung auf Zimmertemperatur abkühlen lassen. Um den Vorgang zu beschleunigen, können Sie sie auch in einen Behälter füllen und in den Kühlschrank stellen.
3. Kombinieren Sie die Zitronen- und Zuckermischung mit dem Wasserkefir in einem großen Krug oder einer großen Kanne.
4. Gießen Sie sie in verschließbare Behälter.
5. Verschließen Sie die Flaschen und lassen Sie sie zwei bis drei Tage bei Zimmertemperatur stehen, für die sekundäre Fermentation oder stellen Sie die Flaschen einfach in den Kühlschrank oder servieren Sie das Getränk sofort. Kefirlimonade schmeckt jedoch gekühlt am Besten.

Milchkefir

Über Milchkefir

Der weithin bekannte und konsumierte Kefir, den Sie in den meisten Lebensmittelläden in der Joghurtabteilung kaufen können ist „Milchkefir“. Die genaue Herkunft von Kefir ist unbekannt, aber man sagt, er sei zuerst in den Bergen des Kaukasus hergestellt worden, durch die Fermentation frischer Kuhmilch mit Kefirkörnern in Ziegenlederbeuteln. Das Wort „Kefir“ ist türkisch und bedeutet „gutes Gefühl“; Kefir wird durch die Fermentation von Milchkefirkörnern in Kuh-, Ziegen- oder Kokosmilch hergestellt.

Milchkefirkörner sind in Wirklichkeit keine Körner. Sie sehen aus wie kleine Blumenkohlröschen und sind das Ergebnis von vielen Bakterien und Hefen, die zusammenhängen und wachsen. Wenn Milchkefirkörner mit Milch fermentiert werden, bildet sich eine würzige, dicke Substanz, so ähnlich wie Joghurt. Kefir wird typischerweise in einem Glas als Getränk serviert, aber man kann ihn auch für Smoothies verwenden.

Häufiger Konsum von Kefir kann auf Dauer teuer kommen; die eigene Herstellung zu Hause ist also eine günstige (und gesunde!) Alternative zum Kauf. In diesem Abschnitt liefere ich zwei Optionen für die Herstellung von Kefir. Die erste besteht in der Verwendung von tiefgefrorenem Kefirstarter und die andere (authentischere Version) in der Nutzung von Milchkefirkörnern. In diesem Abschnitt finden Sie außerdem Rezepte, wie Sie Ihren Kefir noch köstlicher machen!

Wasser- und Milchkefir ähneln sich in dem Sinn, dass beides probiotische Getränke sind. Doch Sie können Wasserkefirkörner nicht dafür verwenden, um Milchkefir zu machen, und Sie können auch keine Milchkefirkörner verwenden, um Wasserkefir herzustellen.

Wie bei selbst gemachtem Joghurt können Sie im Laden gekauften puren Kefir als Starter verwenden. Noch häufiger wird Kefir zubereitet, indem man Kefirkörner oder gefriergetrockneten Kefir benutzt, und die Zubereitungsanleitung dafür finden Sie in diesem Abschnitt. Wenn Sie Kuhmilch verwenden, ist der Fettgehalt egal, obwohl Milch mit höherem Fettanteil einen dickeren, cremigeren, würzigeren und süßeren Kefir ergibt. Wenn Sie Kokosmilch verwenden, empfehle ich die Vollfett-Variante.

Für die Aromatisierung von selbst gemachtem Kefir können Sie verschiedene frische Früchte und/oder Süßungsmittel verwenden. Die Verwendung saisonaler Früchte und natürlicher Süßungsmittel bringt ein köstliches, gesundes Getränk mit einem Geschmack, den Sie bei gekauftem Kefir nicht finden werden!

Kefir ist voller wichtiger Vitamine und Probiotika. Er ist reich an den Vitaminen A, B_1, B_6 und D sowie an Folsäure. Es wird auch angenommen, dass das Trinken von Kefir bei der Heilung von Schäden helfen kann, den Magen und Darmauskleidung erlitten haben könnten. Das ist hilfreich für jene, die Verdauungsprobleme haben oder sogar solche Störungen wie Morbus Crohn, Bauchhöhlenstörungen, Hautpilz oder Reizdarmsyndrom. Wer Laktose-intolerant ist, dürfte trotzdem Kefir trinken können, denn der Fermentierungsprozess führt zur Entstehung von Laktase – dem Enzym, das Menschen hilft, Milch zu verdauen.

Es ist möglich, Kefir mit Kokosmilch zu brauen, unter Verwendung von Milchkefirkörnern. Obwohl der Prozess derselbe ist wie bei der Herstellung von Kefir aus Kuhmilch, müssen die Kefirkörner regelmäßig in normale Milch zurückgeführt werden, um sie lebendig und gesund zu halten. Um molkefreien Kefir zu machen, folgen Sie einfach denselben Zubereitungshinweisen wie in Option 2, wobei anstatt Kuhmilch Kokosmilch verwendet wird.

Option 1: Kefir mit gefriergetrocknetem Kefirstarter machen

Zutaten:

- 1 Liter Milch
- 5 Gramm gefriergetrockneter Kefirstarter (1 Päckchen)

Außerdem brauchen Sie:

- Krug oder Gefäß für 1 Liter Flüssigkeit
- Großen Topf für die Milcherhitzung
- Thermometer
- Feines Plastiksieb

Zubereitung:

1. Erhitzen Sie die Milch in einem großen Topf auf etwa 82 Grad Celsius. Wenn die Milch heiß und schäumig wird, rühren Sie permanent um. Die Milch darf nicht kochen.
2. Nehmen Sie die Milch vom Herd und lassen Sie sie auf 22 bis 25 Grad Celsius abkühlen. Um den Vorgang zu beschleunigen, können Sie den Topf auf Eis oder in den Kühlschrank stellen.
3. Gießen Sie 5 Gramm (1 Päckchen) gefriergetrockneten Kefirstarter in eine Schüssel. Geben Sie etwas von der gekühlten Milch in die Schüssel mit dem Starter. Rühren Sie, um den Starter aufzulösen, dann gießen Sie ihn in den Topf mit der übrigen Milch und rühren alles nochmal um, sodass es bindet.
4. Gießen Sie die Mischung in einen litergroßen Krug und bedecken ihn mit einem Baumwolltuch, einem Kaffeefilter oder einem Küchentuch, mit einem Gummring befestigt. Lassen Sie den Krug vierundzwanzig Stunden bei Zimmertemperatur stehen, bis Sie sehen, dass sich Quark gebildet hat.
5. Kühlen Sie den Kefir im Kühlschrank (damit wird der Kulturprozess beendet).
6. Vor dem Verzehr sieben Sie den Quark, der sich gebildet hat, mit einem feinen Plastiksieb ab.
7. Jetzt können Sie Ihren Kefir aromatisieren, wenn Sie möchten.

Anmerkungen:

1. *Seit etlichen Jahren warnen Kefirexperten vor der Verwendung von Metall in irgendeiner Phase der Kefirherstellung und empfehlen, Holzlöffel und Plastiksiebe zu benutzen. Neuere Analysen legen nahe, dass man Instrumente aus rostfreiem Edelstahl beim Herstellen von Kefir verwenden kann, aber keine anderen Metalle.*
2. *Wenn Ihr Kefir fertig ist, haben Sie einen dicken und etwas groben Kefir. Das ist normal. Sieben Sie den Kefir einfach (mit einem feinen Plastiksieb), bevor Sie ihn verzehren, dann haben Sie einen sahnigen Genuss.*

LAIT PUR DE NORMANDIE
ARRIVAGE 2 FOIS PAR JOUR
Le bon lait
Comptoir de Famille
Ferme du Vallon 31-29-73-46

Option 2: Kefir mit Kefirkörnern herstellen

Zutaten:

- 2 Esslöffel Milchkefirkörner
- 2 Tassen Milch

Zubereitung:

1. Falls Ihre Milchkefirkörner dehydriert sind, müssen Sie sie zunächst rehydrieren. Folgen Sie den Hinweisen Ihres Milchkefir-Lieferanten für die Hydrierung. Der Vorgang wird so ähnlich ablaufen wie das Herstellen von Milchkefir.
2. Sobald die Kefirkörner aktiv und hydriert sind, geben Sie sie einfach in einen Krug und gießen Sie Milch darüber. Mit einem Baumwolltuch, Kaffeefilter oder Küchentuch bedecken und mit einem Gummiring verschließen.
3. Lassen Sie den Krug bei Zimmertemperatur (etwa 22 bis 25 Grad Celsius) stehen. Wenn der Raum kälter ist, dauert die Fermentation länger. Wenn der Raum eher warm ist, entwickelt sich der Kefir schneller als in vierundzwanzig Stunden.
4. Nehmen Sie ein feines Plastiksieb und sieben Sie die Milchkefirkörner über einem Krug, sodass der Kefir von den Kefirkörnern getrennt wird.
5. Stellen Sie den Kefir in den Kühlschrank und starten Sie mit Ihren Milchkefirkörnern eine neue Portion Kefir!

Anmerkung:

Zwei Esslöffel Körner für jeweils 2 Tassen Milch sind Standard, obwohl die Kefirkörner mit der Zeit wachsen. Sie können später also größere Portionen brauen, weil die Kefirkörner wachsen.

Problemlösungen:

Wenn Sie den Kefir länger als vierundzwanzig Stunden stehen lassen, kann er sich trennen. Ihr Kefir hat sich getrennt, wenn auf dem Boden des Krugs eine klare, wolkige Substanz ist und große Stücke auf der Oberfläche schwimmen. Das ist immer noch trinkbar, aber es ist nicht so angenehm wie Kefir im sahnigen Zustand. Wenn Ihr Kefir sich getrennt hat, müssen Sie Ihre Milchkefirkörner nicht wegwerfen, Sie können sie weiterhin verwenden.

Ahorn-Chai-Kefir

Milchiger, süßer Chaitee ist toll zu jeder Jahreszeit und vor allem an kalten Tagen ein Genuss. Die Verbindung des warmen Chaitee-Aromas mit diesem kalten Getränk macht Kefir sogar im Herbst und Winter beliebt, wenn die meisten Menschen heiße Getränke bevorzugen. Um ursprüngliche Chai-Aromen zu bekommen, können Sie entweder Ihr eigenes Chaigewürz zu Hause herstellen, wobei Sie Gewürze verwenden, die Sie vermutlich schon haben, oder Sie können Chaigewürz im Lebensmittelladen kaufen. Der Ahornsirup für die natürliche Süßung dieses Drinks fügt reiche Aromen hinzu und reiner Ahornsirup tut Ihnen sehr gut! Es hat sowohl Mangan als auch Zink, die für das Immunsystem eine wichtige Rolle spielen, genauso wie für die Manneskraft.

Zutaten:

- 1 ½ bis 2 Esslöffel 100%iger reiner Ahornsirup
- 3 Tassen reiner selbstgemachter Kefir (vgl. S. 153, 155)
- 1 Teelöffel Chaigewürz (vgl. Rezept unten)

Selbst gemachtes Chaigewürz:

- 2 Teelöffel gemahlener Zimt
- 1 Teelöffel gemahlenes Kardamom
- 1 Teelöffel gemahlener Ingwer
- ½ Teelöffel gemahlener Muskat
- ¼ Teelöffel gemahlene Gewürznelken
- 1 Prise schwarzer Pfeffer

Verwenden Sie selbst gemachtes Chaigewürz für Backwaren, zu heißer Schokolade oder Kaffee oder für die Aromatisierung von Kombucha, Jun oder Joghurt!

Zubereitung:

Geben Sie alle Zutaten für den Ahorn-Chai in einen Krug und mischen Sie sie gut, sodass die Gewürze gleichmäßig verteilt werden. Sie können auch die Zutaten in einen Mixer geben und mixen.

Anmerkungen:

Sie können dieses Rezept auch als Vanille-Chai umsetzen, indem Sie den Inhalt einer Vanilleschote ausschaben und mit den übrigen Zutaten mischen.

Hält sich im Kühlschrank maximal fünf Tage. Vor dem Trinken umrühren.

Mango-Kefir

Ähnlich einem Mango-Lassi ist dieser Mango-Kefir ein richtig gutes und leckeres Getränk. Süße, reife Mangos geben ihm einen exotischen und einzigartigen Geschmack. Reife Mangos finden Sie im Lebensmittelladen in den meisten Monaten des Jahres, sodass Sie das Getränk regelmäßig genießen können. Mangos schmecken nicht nur ausgezeichnet, sie sind auch sehr nahrhaft. Sie sind voller Vitamin C und A und enthalten Antioxidantien sowie Enzyme, die gegen Leukämie, Prostata- und Brustkrebs vorbeugen helfen. Mangos reinigen auch die Hautporen, wodurch sie gegen Akne eingesetzt werden können, als Nahrungsmittel oder äußerlich auf der Haut.

Zutaten:

- 1 reife Mango, geschält, entkernt und zerkleinert (etwa 1 Tasse)
- 2 Teelöffel Agavennektar, optional
- 2 Tassen Kefir (vgl. S. 153, 155)

Zubereitung:

Geben Sie die drei Zutaten in einen Mixer und mixen Sie alles durch, bis der Inhalt gleichmäßig ist. Als Alternative können Sie Mango und Agavennektar zusammen (getrennt vom Kefir) in einem Hochleistungsmixer mixen, und dann als geschichteten Drink auf dem reinen Kefir servieren!

Hält sich im Kühlschrank maximal fünf Tage. Vor dem Trinken gut umrühren.

Limetten-Kefir

Wie wäre es mit Limetten-Kuchen im Glas? So schmeckt dieser Kefir nämlich, mit seinem süßen, sahnigen, würzigen Aroma. Limetten sind viel kleiner als normale Limonen oder Zitronen und haben einen säuerlichen und leicht süßen Geschmack. Sie haben auch viel weniger Saft als andere Limonen, aber stören Sie sich nicht an dem Zeitaufwand, den das Auspressen kostet: das resultierende Getränk ist es wert!

Zutaten:

- 1 ½ Esslöffel Limettensaft (etwa 8 bis 10 saure Limetten)
- 1 Esslöffel Zucker*
- 1/3 Tasse Kokosmilch
- 1 Tasse Kefir (vgl. S. 153, 155)

* Der Zucker kann auch durch Agavennektar ersetzt werden, je nach Vorliebe. Wenn Sie Agavennektar verwenden, fügen Sie alle Zutaten zusammen und lassen Sie Schritt 1 aus dem nachfolgenden Abschnitt weg.

Zubereitung:

1. Erhitzen Sie Kokosmilch, Limettensaft und Zucker so weit, dass sich der Zucker auflöst. Gießen Sie die Mischung in eine Tasse und stellen Sie diese in den Kühlschrank, bis alles vollständig gekühlt ist.
2. Geben Sie alle Zutaten in eine Tasse und rühren Sie gut um.

Hält sich im Kühlschrank maximal fünf Tage.

Preiselbeer-Kefir

Angesichts der erstaunlichen Gesundheitsvorzüge von Preiselbeeren ist es seltsam, dass wir sie nicht öfter essen! Sie haben viel Vitamin C und fast so viele Antioxidantien wie Heidelbeeren. Preiselbeeren sind dafür bekannt, dass sie Bakterien aus dem Blasentrakt fernhalten und dabei helfen, Blaseninfektionen zu verhindern bzw. zu lindern.

Preiselbeeren bekommt man ganzjährig, denn wenn frische nicht verfügbar sind, gibt es qualitativ hochwertige aus der Kühltruhe. Wegen der säuerlichen Eigenschaften der Preiselbeeren empfiehlt dieses Rezept zusätzliche Süßung, um die Säure auszugleichen; dafür lässt sich Agavennektar oder Honig einsetzen, sodass sich ein natürlich gesüßtes Getränk ergibt.

Zutaten:

- 2 Tassen frische oder tiefgefrorene Preiselbeeren
- 2 Esslöffel Zucker
- ¼ Tasse Wasser
- 2 Tassen reiner, selbst gemachter Kefir (vgl. S. 153, 155)

Zubereitung:

1. Erhitzen Sie Preiselbeeren, Wasser und Zucker in einem kleinen Topf, bedeckt, bei mittlerer Hitze.
2. Kochen bis die Preiselbeeren weich sind und der Saft heraustritt; mit einer Gabel zerdrücken.
3. Gießen Sie die Preiselbeermischung in ein Glas und kühlen Sie es vollständig im Kühlschrank.
4. Geben Sie die Preiselbeermischung und den Kefir in einen Mixer und mixen Sie alles, bis es weich und voll vermischt ist.

Hält sich maximal fünf Tage im Kühlschrank.

Schokoladen-Kefir

Schokoladen-Kefir ist eine dekadente Angelegenheit und unterscheidet sich stark von frucht–aromatischem Kefir. Obwohl das Rezept eher ein Dessert ergibt, hat es doch gesundheitliche Vorzüge! Rohes Kakaopulver ist eines der besten natürlichen Nahrungsmittel der Welt. Es ist Schokolade in ihrer rohen Form, bevor Öle, Milch- oder Zuckerarten hinzugefügt wurden. Kakaopulver enthält Antioxidantien, die die Zerstörung unserer Zellen verlangsamen und verhindern. Außerdem wirkt es auf Adrenalinsystem und Lustrezeptoren, wodurch Glücksgefühle und sogar der Stoffwechsel gestärkt werden. Sie können das Rezept mit Agavennektar natürlich süßen, aber aus aromatischer und struktureller Perspektive scheint Zucker am besten zu passen.

Zutaten:

- ½ Tasse Milch
- 2 Esslöffel rohes Kakaopulver*
- 3 Esslöffel Zucker
- 2 Tassen Kefir (vgl. S. 153, 155)

* Roh-Kakao kann durch normales (geröstetes) Kakaopulver ersetzt werden, aber das Aroma wird dadurch verändert.

Zubereitung:

1. Geben Sie Milch, Kakaopulver und Zucker in einen kleinen Kochtopf und erhitzen Sie alles über mittlere Werte. Permanent umrühren, damit sich Zucker und Kakaopulver auflösen und die Mischung nicht ins Kochen gerät. Wenn die Mischung vollständig verrührt ist und es keine Kakaoklümpchen mehr gibt, nehmen Sie den Topf von der Platte und lassen Sie alles abkühlen. Sie können den Vorgang beschleunigen, indem Sie den Inhalt in eine Tasse gießen und in den Kühlschrank stellen.
2. Sieben Sie 2 Tassen Kefir in ein Glas oder einen Krug.
3. Sobald die Schokoladenmischung abgekühlt ist, mischen Sie sie mit dem Kefir und rühren um, bis sich ein homogenes Getränk ergibt.

Hält sich maximal fünf Tage im Kühlschrank.

Pfirsich- & Honig-Kefir

Pfirsich und Kefir sind eine himmlische Verbindung. Es ist kein Geheimnis, dass Pfirsich zu allem passt, was sahnig ist, weil er einen wundervoll süßen und säuerlichen Ausgleich bildet. Dies ist ein unglaublich einfaches Rezept mit nur drei Zutaten plus Mixer. Der Honig verstärkt das Aroma der Pfirsiche, und da es sich um ein natürlich gesüßtes Getränk handelt, ist es ist einfach nur gesund und köstlich!

Zutaten:

- 3 reife Pfirsiche, zerkleinert
- 2 Esslöffel Honig
- 2 Tassen Kefir (vgl. S. 153, 155)

Zubereitung:

1. Die Pfirsiche schälen, entkernen und zerkleinern.
2. Pfirsiche und Honig in einen Hochleistungsmixer geben. Mixen bis alles weich ist. Falls erforderlich einen Esslöffel Wasser hinzufügen, damit sich die Pfirsiche leichter mixen lassen.
3. Selbst gemachten Kefir, der gesiebt wurde, hinzufügen und alles mixen.

Hält sich im Kühlschrank maximal fünf Tage.

Erdbeer-Kefir

Erdbeer-Kefir ist ein wundervolles Getränk, das man jederzeit zur Hand haben sollte. Man kann es leicht in großen Portionen herstellen und praktisch jeder mag es. Um es natürlich zu süßen, verwenden Sie Agavennektar, Ahornsirup oder sogar Dattelzucker anstatt Rohrzucker. Wenn Sie Ihren Kindern Kefir schmackhaft machen wollen, ist dies das perfekte Rezept!

Zutaten:

- 4 Tassen Kefir (vgl. S. 153, 155)
- 4 Tassen frische Erdbeeren, zerkleinert
- ¼ Tasse Zucker oder Agavennektar

Zubereitung:

1. Geben Sie die zerkleinerten Erdbeeren in einen Kochtopf, dann bedecken und auf mittlerer Stufe erhitzen.
2. Lassen Sie die Mischung aufkochen und dann etwa 10 Minuten lang weiter kochen, bis der Saft herausfließt, was zeigt, dass die Erdbeeren weich geworden sind.
3. Fügen Sie den Zucker hinzu und rühren Sie um, bis er sich auflöst.
4. Von der Platte nehmen und die Mischung leicht abkühlen lassen, bevor Sie sie in eine Schüssel oder ein Gefäß gießen. Die Erdbeermischung im Kühlschrank vollständig kühlen.
5. Kefir und Erdbeermischung in einen Mixer geben und mixen, bis alles gleichmäßig ist. Sofort servieren oder in einem verschlossenen Behälter aufbewahren.

Hält sich im Kühlschrank maximal fünf Tage.

Röstbananen-Kefir

Wenn jemand noch nie geröstete Bananen probiert hat – ich empfehle sie wärmstens! Der Röstvorgang bringt die natürliche Süße der Bananen zur Geltung und gibt ihnen ein intensives und fast karamellartiges Aroma. Bananen zu rösten dauert nicht lange und das Aroma unterscheidet sich deutlich von rohen Bananen; dieser extra Schritt lohnt sich wirklich! Das Getränk kommt dick daher und schmeckt dekadent gut, aber es ist trotzdem gesund für Sie, denn es wird mit Honig und damit auf natürliche Weise gesüßt. Dies ist ein tolles Kefiraroma, dass man Smoothies zufügen kann (oder sogar einem Milchshake), sodass der Smoothie absolut einzigartig, ultrasüß und sahnig schmeckt.

Zutaten:

- 2 reife (aber feste) Bananen
- 2 Esslöffel Honig
- 2 Tassen reiner selbst gemachter Kefir (vgl. S. 153, 155)

Zubereitung:

1. Den Backofen auf 185 Grad Celsius vorheizen.
2. Die Bananen schälen und längs in der Mitte durchschneiden.
3. Backpapier in eine Kasserolle legen und die Bananen darauf.
4. Die Bananen 10 bis 12 Minuten im Ofen backen, bis sie leicht gebräunt sind.
5. Aus dem Backofen nehmen und warten, bis die Bananen auf Zimmertemperatur abgekühlt sind (oder in den Kühlschrank stellen, um sie schneller abzukühlen).
6. Bananen, Honig und Kefir im Mixer verarbeiten, bis alles weich ist.
7. Sofort servieren oder kühlen und innerhalb von 24 Stunden trinken. Bewahren Sie dieses Getränk nicht länger als einen oder zwei Tage auf, denn die Bananen werden weiter oxidieren und der Geschmack ist dann nicht mehr so gut wie bei frischem Genuss.

Im Kühlschrank maximal zwei Tage haltbar.

Heidelbeer-Kefir

Heidelbeeren sind während der meisten Monate frisch verfügbar, sodass Sie diesen Kefirgeschmack wohl in jeder Jahreszeit einfach zubereiten können. Heidelbeeren sind voller Antioxidantien und gelten weltweit als eines der Super-Lebensmittel, eine wunderbare Gehirnnahrung, und sie enthalten sehr viele Vitamine. Obwohl es sich empfiehlt, alle Rezepte in diesem Buch mit frischen Früchten zuzubereiten, können Sie Heidelbeeren immer im Tiefkühlregal finden, sodass dieses Aroma leicht und schnell herzustellen ist.

Zutaten:

- 2 Tassen frische oder tiefgefrorene Heidelbeeren
- 1 Esslöffel Wasser
- 1 Esslöffel Zucker oder Agavennektar
- 2 Tassen reinen, selbstgemachten Kefir (vgl. S. 153, 155)

Zubereitung:

1. Geben Sie Heidelbeeren und Wasser in einen Kochtopf und bringen Sie die Mischung bedeckt über mittlerer Hitze zum Kochen.
2. Sobald der Saft herausfließt und es sprudelt, geben Sie den Zucker (oder den Agavennektar) hinzu und rühren um, bis sich der Zucker auflöst.
3. Die Hitze leicht reduzieren und noch etwa 3 Minuten kochen lassen.
4. Nehmen Sie den Topf von der Platte und gießen Sie die Heidelbeermischung in einen verschließbaren Behälter. In den Kühlschrank stellen, bis er komplett gekühlt ist.
5. Kefir in einen Mixer sieben und dann die Heidelbeermischung hinzufügen. Alles gut durchmischen.

Hält sich maximal fünf Tage im Kühlschrank.

Joghurt

Über Joghurt

Joghurt ist fermentierte Milch – ein Prozess, bei dem Bakterien den Milchzucker verzehren und in Milchsäure verwandeln. Milchsäure reagiert auf das Milcheiweiß, verdickt die Milch und erschafft so eine süße, würzige, sahnige Substanz. Joghurt wird traditionell aus Kuhmilch fermentiert, aber man kann auch Jogurt herstellen, der kein Milchprodukt ist, und zwar mit Soja-, Kokos- oder Mandelmilch. Der genaue Ursprung von Joghurt ist unbekannt, aber er wird in antiken türkischen und indischen Texten erwähnt. Jede Kultur hat ihren eigenen Ansatz in Bezug auf den Geschmack von Joghurt, welche Milch man verwendet und wie dick der Joghurt sein soll. In vielen Kulturen wird Joghurt zu scharfem Essen gereicht, aber auch für süße Speisen eingesetzt.

Joghurt ist eigentlich kein Getränk, aber er passt in dieses Buch, weil er mit anderen Zutaten gemixt in Smoothies oder Lassis Verwendung findet. Schauen Sie sich auch die Smoothie-Rezepte ab Seite 203 an, in denen selbstgemachter Joghurt verwendet wird.

Gesundheitsvorzüge von Joghurt

Ähnlich wie bei allen anderen probiotischen Getränken dieses Buches ist auch die Liste der Gesundheitsvorzüge von Joghurt praktisch endlos lang. Die Probiotika in Joghurt verhelfen zu einem gesunden Gleichgewicht der Mikroflora in Ihrem Darm, was zur Regelmäßigkeit Ihres Verdauungssystems beiträgt; dadurch werden Verstopfung und Durchfall gelindert und das Essen bewegt sich leichter durch den Verdauungstrakt. Joghurt kann auch bei der Vermeidung von Dickdarmkrebs hilfreich sei und ein Reizdarmsyndrom mildern. Frauen, die mit Hautpilz zu tun haben, können öfter vaginale Hefepilze bekommen und der regelmäßige Genuss von Joghurt kann helfen, diese Infektionen zu verhindern.

Joghurt enthält Protein (12 Gramm pro Tasse!), Magnesium, Zink, Kalium, Kalzium, Riboflavin und die Vitamine B_6 und B_{12}. Ein Frühstück oder ein Snack aus Joghurt mit Obst, Nüssen oder Müsli, Honig oder Ahornsirup ist eine köstliche und gesunde Mahlzeit.

Joghurt ist für unseren Körper leichter zu verdauen als Milch. Durch den Fermentierungsvorgang des Joghurts kreieren die Probiotika Laktase, ein Enzym, das bei der Zerlegung von Laktose hilft, dem Zucker in der Milch. Wer Laktose-intolerant ist, hat wenig Laktase, deshalb ist die Verdauung von Milchprodukten schwierig. Da die Probiotika in Molkereiprodukten einen Teil der Laktose verzehren und Laktase liefern, können manche Menschen mit Laktoseintoleranz Joghurt genießen, ohne krank zu werden.

Wenn Sie Joghurt im Laden kaufen, achten Sie auf die Marke. Nicht jeder Joghurt enthält lebende und aktive Kulturen (dann hat er keine nützlichen Probiotika). Lesen Sie also die Etiketten und suchen

Sie die Information über die Lebendkulturen. Außerdem fügen einige Marken Rohrzucker, Stabilisatoren und Konservierungsmittel bei. Durch das Selbermachen von Joghurt bekommen Sie ein lebendiges, probiotisch reichhaltiges Lebensmittel, das Sie nach Ihrem Geschmack und Ihrem Ernährungsbedarf aromatisieren können.

Joghurt selber machen

Wie man Krüge reinigt

Es ist wichtig, die Gefäße richtig zu reinigen, die Sie für die Lagerung von Joghurt verwenden; sie dürfen keine schädlichen Bakterien enthalten, wenn Sie die Joghurtbasis einfüllen. Joghurt fermentiert bei einer Temperatur, die für alle Bakterien die optimale Wachstumswärme bildet – für die guten wie für die schlechten. Da Sie eine positive Umgebung für das Bakterienwachstum bieten wollen, müssen Sie sichergehen, dass die einzig präsenten Bakterien die Probiotika sind.

Sie können die Krüge und Kannen, die Sie für die Aufbewahrung von Joghurt verwenden, entweder mit der Hand und mit heißem Seifenwasser waschen, oder sie mit kochendem Wasser füllen und einige Minuten stehen lassen, oder Sie können sie gemäß den folgenden Hinweisen reinigen.

1. Stellen Sie die Krüge mit der Öffnung nach oben, zusammen mit den Deckeln und Schraubverschlüssen, in einen großen Topf und füllen Sie den Topf 5 bis 10 cm hoch mit Wasser.
2. Bedecken Sie den Topf und bringen Sie das Wasser zum Kochen. Erhitzen Sie die Krüge 10 Minuten lang.
3. Nehmen Sie den Topf vom Herd und lassen Sie ihn bedeckt, bis Sie die Krüge füllen.

Der Vorteil von Einmachgläsern besteht darin, dass sich der Joghurt einen Monat hält, wenn sie gut verschlossen werden. Sie können unterschiedliche Glasbehälter für die Aufbewahrung des Joghurts verwenden, solange sie einen verschließbaren Deckel haben; aber große (1- oder 2-Liter fassende) Einmachgläser funktionieren am besten.

Milchfettwerte

Joghurt können Sie aus Milch mit 0%, 1%, 2% oder aus Vollmilch herstellen. Den Milchfettgehalt können Sie sich aussuchen. Je höher der Fettgehalt, desto dicker und sahniger wird der Joghurt. Sie können Joghurt aus Magermilch oder Milch mit wenig Fett dicker machen, indem Sie ihn durch ein Baumwolltuch sieben, sodass er zu griechischem Joghurt wird (vgl. die Hinweise zu griechischem Joghurt S. 180).

Viele meinen fälschlicherweise, je weniger Fett, desto gesünder sei die Nahrung. Studien belegen, dass das nicht immer gilt. Gesunde Fette (wie z. B. Protein von grasgefütterten Tieren oder Omega-Fette) helfen Ihrem Verdauungssystem, Nahrung richtig zu verarbeiten; eine Ernährung ohne Fett verursacht Verdauungsprobleme und unangemessene Nahrungsaufnahme. Insbesondere bei Milch bedeutet die Entfernung von Fett zugleich die Entfernung von Vitaminen und Nährstoffen;

deshalb gibt es vitaminangereicherte Milchsorten. Obwohl Vollmilch mehr Kalorien enthält als fettreduzierte, verlangsamt Milchfett (und Fett generell) die Freisetzung von Zucker in unseren Blutstrom, sodass die Menge an Körperfett, die gespeichert werden kann, vermindert wird.

Der Milchfettgehalt ist in diesem Abschnitt wichtig, weil er das Endprodukt Ihres selbst gemachten Joghurts beeinflusst. Geschmack, Struktur und Konsistenz unterscheiden sich, abhängig von der verwendeten Milch. Ich bevorzuge Vollmilchjoghurt und griechischen Joghurt. Griechischer Joghurt kann mit Vollmilch oder fettreduzierter Milch hergestellt werden, wenn man eine stärkere Konsistenz erreichen will. Für die Rezepte in diesem Buch ist es wichtig, dickeren Joghurt zu verwenden, weil sie mit dünnerem Joghurt nicht so gut gelingen. Nicht, dass Vollmilchjoghurt und griechischer Joghurt nicht beide dick seien, aber griechischer Joghurt ist dennoch ein wenig dicker und auch würziger. Daher brauchen Rezepte mit griechischem Joghurt etwas zusätzliche Süßung, je nach Ihrem Geschmack.

Alle Rezepte in diesem Abschnitt werden mit Vollmilchjoghurt oder griechischem Joghurt gemacht. Da beide Joghurtarten dick sind, bieten sie eine sehr gute Grundlage für die Ergänzung weiterer Zutaten mit Flüssigkeit, ohne die dicke und sahnige Struktur zu schwächen. Griechischer Joghurt wird aus Molke (der Flüssigkeit im Joghurt) herausgesiebt, sodass er die optimale Basis für aromatisierte Joghurts darstellt. Bitte beachten Sie, wenn Sie für eines der Rezepte in diesem Abschnitt selbst gemachten Joghurt aus fettreduzierter Milch verwenden (der nicht in griechischen Joghurt gesiebt wurde), wird er vermutlich suppig werden. Er schmeckt dann sicher noch gut, aber er wird nicht so dick und sahnig sein.

Eine Anmerkung über Süßungsmittel

Beim Aromatisieren von selbst gemachtem Joghurt gibt es viele Möglichkeiten zum Süßen. Es gibt viele natürliche Süßungsmittel, die sich als Ersatz von Rohrzucker anbieten, wenn Sie weniger verarbeitete und weniger gezuckerte Ernährung bevorzugen. In den meisten dieser Rezepte habe ich Rohrzucker und Agavennektar verwendet, weil nicht jeder in der Lage ist, rein natürliche Süßungsmittel einzusetzen. Beispiele für hervorragende natürliche Süßungsmittel sind: Agavennektar, Ahornsirup, Honig (am besten roh), Honigpulver, zerkleinerte Datteln, Dattelzucker, Kokoszucker, Stevia oder Xylit. Die einfache Kombination von Ahornsirup oder geschnittenen Früchten mit reinem Joghurt ergibt einen gesunden, wundervollen Snack.

Süßungsmittel in dehydrierter oder kristallisierter Form (wie z. B. Rohrzucker, Kokoszucker, Dattelzucker usw.) müssen erst aufgelöst werden, sonst bekommen Sie einen körnigen, sauren Joghurt. Dazu erhitzen Sie einfach alle Zutaten für den Joghurt auf dem Herd und lassen die Mischung vollständig abkühlen, bevor Sie sie mit dem Joghurt kombinieren.

Wenn Sie sich für flüssige Süßungsmittel wie Agavennektar, Ahornsirup oder Honig entscheiden, können Sie den Erhitzungsvorgang für die fruchtbasierten Joghurtrezepte auslassen und einfach alles zusammenmischen; trotzdem bringt das Erhitzen der Früchte deren natürliche Säfte hervor und erzeugt ein Aroma, das Sie mit den rohen Früchten kaum erreichen können. Deshalb sollten Sie doch den Zubereitungshinweisen in jedem einzelnen Rezept folgen, auch wenn Sie ein flüssiges oder Sirup-Süßungsmittel verwenden.

Manche mögen ihren Joghurt so herb wie möglich, andere haben ihn lieber süß. Verwenden Sie mehr oder weniger Süßungsmittel, je nach individuellem Geschmack. Die meisten dieser Rezepte basieren auf griechischem Joghurt, der säuerlicher ist als normaler Joghurt und deshalb extra viel Süßung erfordert.

Joghurt und Smoothies (und Kochen)

Joghurt ist exzellent fürs Kochen und Backen! Für Soßen, die normalerweise mit Mayonnaise zubereitet werden, nehme ich stattdessen immer reinen Joghurt oder griechischen Joghurt. Ich mache gerne tolle Hamburger-Soßen oder Fruchtsalate mit Joghurt. Außerdem passt Joghurt bestens zum Backen. Sie können ihn anstatt Milch zu Pfannkuchenteig geben und ihn auch in Kuchen, Muffins und Brot verwenden. Joghurt kann man nie zu viel zu Hause haben, denn Sie finden immer wieder eine neue kulinarische Verwendung dafür!

Haltbarkeit von selbst gemachtem Joghurt

Wenn er gut verschlossen in einem keimfreien Behälter aufbewahrt wird, kann reiner Joghurt bis zu einem Monat halten! Wenn Sie aromatisierende Zutaten hinzufügen, sollte der Joghurt möglichst innerhalb einer Woche verzehrt werden. Obwohl die Rezepte in diesem Buch sicherlich länger als eine Woche haltbar sind, schmeckt der aromatisierte und veränderte Joghurt doch am besten, wenn er bald nach der Zubereitung gegessen wird.

Wenn selbst gemachtem Joghurt Früchte beigegeben werden, sinken sie meistens auf den Boden des Behälters, zusammen mit der jeweiligen Flüssigkeit. Rühren Sie Joghurt vor dem Genuss immer gut um.

Selbst gemachter Joghurt

Zutaten:

- 2 Liter Milch
- 1/3 Tasse reiner Vollmilchjoghurt (oder griechischer Joghurt)*

* Sie können entweder gekauften reinen Joghurt oder selbst gemachten Joghurt verwenden. Bei dem gekauften sollten Sie sich vergewissern, dass die Packung aktive und lebende Kulturen enthält.

Zubereitung:

1. Gießen Sie die Milch in einen großen Topf und erhitzen Sie sie über mittlerer Hitze, dabei gelegentlich umrühren. Durch das Erhitzen sollen alle schlechten Bakterien getötet und die Milchproteine denaturiert werden. Diese Denaturierung bewirkt die sahnige Struktur des Joghurts; ohne sie würden sich stattdessen Klümpchen bilden.
2. Beim Erhitzen wird die Milch schaumig und sprudelt – beginnen Sie dann, die Milch permanent umzurühren. Messen Sie die Temperatur der Milch mit einem Thermometer. Erhitzen Sie die Milch auf 82 bis 85 Grad Celsius und halten Sie sie ein paar Minuten auf dieser Temperatur (wenn die Milch sich dieser Temperatur nähert, müssen Sie die Hitze vermutlich herunterdrehen); die Milch darf nicht ins Kochen kommen.
3. Nehmen Sie den Topf von der Platte und lassen Sie die Milch auf 46 bis 48 Grad Celsius abkühlen. Das ist der optimale Temperaturbereich für die Fermentierung der Probiotika. Bei über 48 Grad werden die Probiotika getötet. Um den Abkühlungsvorgang zu beschleunigen, können Sie ein Eisbad verwenden, wobei Sie den Milchtopf in einen größeren Topf mit Eiswasser stellen und ab und zu umrühren. Während der Abkühlung bildet sich auf der Milch eine Haut, die Sie mit einem Löffel oder einer Gabel bzw. einem feinen Metallsieb entfernen können. Durch die Entfernung der Haut wird die Joghurtstruktur einheitlicher.
4. Sobald die Milch auf die gewünschte Temperatur abgekühlt ist, geben Sie den im Laden gekauften Joghurt in eine Schüssel und fügen etwas von der warmen Milch hinzu (eine oder zwei Tassen sind okay) und mischen beides mit einem Rührbesen. Gießen Sie diese Mischung in den Topf mit der übrigen warmen Milch und rühren Sie um.
5. Schütten Sie die Mischung in passende, verschließbare Gläser.
6. Wenn auf der Oberfläche Blasen erscheinen (was wahrscheinlich ist), glätten Sie diese mit einem Löffel, bevor Sie die Gläser verschließen, damit der Joghurt eine sahnigere Struktur bekommt.

Sie können die Verschlüsse auch offen lassen und die Gläser mit Baumwolltuch plus Gummiring verschließen, das geht auch.

7. Stellen Sie die Gläser in einen Topf, der mit heißem Leitungswasser gefüllt ist (zwischen 48 und 52 Grad Celsius). Bedecken Sie den Topf. Wenn Ihr Haus kühl ist, wickeln Sie den Topf in eine Decke oder ein Handtuch und fügen Sie mehr heißes Wasser hinzu, wenn es sich abkühlt. Lassen Sie den Joghurt mindestens 5 Stunden und bis zu 8 Stunden an einem warmen, dunklen Ort stehen. Je länger der Joghurt steht, desto dicker und herber wird er.
8. Der Joghurt ist fertig, wenn er dick ist und wie Joghurt riecht. Ich würde empfehlen, den Joghurt dann im Kühlschrank kühlen, denn dabei setzt er sich und wird etwas dicker.
9. Verwenden Sie die Rezepte in diesem Abschnitt, um Ihren Joghurt zu aromatisieren!

Selbst gemachter griechischer Joghurt

Zutaten:

- 1 Liter selbst gemachter Joghurt (vgl. Zubereitung ab S. 179)*

* Sie können selbst gemachten Joghurt mit jeder Milchfettstufe verwenden, aber Vollmilchjoghurt wird am dicksten und sahnigsten.

Sie brauchen außerdem:

- Eine große Schüssel
- 1 großes Baumwolltuch
- 2 bis 3 Gummiringe

Zubereitung:

1. Falten Sie ein Baumwolltuch einmal zusammen (sodass es doppelt so dick wird wie normal) und legen Sie es auf eine große Schüssel.
2. Geben Sie den Joghurt auf das Baumwolltuch.
3. Nehmen Sie alle Ecken des Tuchs und fügen Sie sie zusammen, sodass Sie ein Bündel Joghurt haben. Binden Sie das Tuch mit einem Gummiring über dem Joghurt fest zusammen.

4. Wenn Sie Ihr Bündel verschlossen haben, nehmen Sie ein bis zwei weitere Gummiringe und hängen es an einen Schrank oder ein Regal über die Mixerschüssel, sodass die Schwerkraft hilft, die Molke (die Flüssigkeit) aus dem Joghurt tropfen zu lassen.
5. Lassen Sie 45 bis 60 Minuten lang die Molke ablaufen.
6. Lösen Sie das Joghurtbündel von seiner Gummihalterung und öffnen Sie das Baumwolltuch. Der Joghurt sollte dick und faserig aussehen. Glückwunsch, Sie haben gerade zu Hause griechischen Joghurt produziert!
7. Was machen Sie mit der ganzen Molke, die Sie vom Joghurt getrennt haben? Bitte nicht wegwerfen! Sie ist voller Probiotika und Sie können daraus milchsaure Limonade herstellen! Also direkt weiter zum Abschnitt über milchsaure Limonade ab Seite 91!

Kokosmilch-Joghurt (ohne Milch)

Zutaten:

- Zwei 400ml-Kannen mit vollfetter Kokosmilch
- Ein 200-Gramm-Becher Kokosmilch-Joghurt aus dem Laden

Zubereitung:

1. Gießen Sie die Kokosmilch in einen mittelgroßen Kochtopf und erhitzen Sie sie auf 82 Grad Celsius. Lassen Sie sie nicht kochen.
2. Von der Platte nehmen und die Kokosmilch auf 43 bis 47 Grad Celsius abkühlen lassen und mit den 200 Gramm Kokosmilchjoghurt verquirlen.
3. Das Gemisch in ein 1-Liter-Glas (oder kleinere Halblitergläser) geben. Das Glas mit dem Deckel verschließen.
4. Stellen Sie das Glas in einen Topf mit heißem Wasser, das 48 bis 52 Grad Celsius warm ist.
5. Lassen Sie den Joghurt 9 Stunden fermentieren.

Anmerkung:

Wenn Sie dickeren Joghurt wünschen, befolgen Sie die Hinweise im Abschnitt über griechischen Joghurt und sieben ihn durch ein Baumwolltuch.

Bananencremekuchen-Joghurt

Bananencremekuchen-Joghurt ist eines meiner Lieblingsrezepte in diesem Buch und außerdem eines der schnellsten. Er schmeckt fast genau wie Bananencremekuchen, ist aber im Gegensatz dazu gesund. Die Kokosmilch bringt den „Sahne"-Anteil dieses Rezepts wirklich zur Geltung und vollendet es, obwohl dieser Joghurt auch ohne die Kokosmilch köstlich ist.

Weil Bananen sehr schnell oxidieren und sich durch die Oxidation auch ihr Geschmack ändert, sollte dieser Joghurt noch am Tag seiner Herstellung verzehrt werden. Während man bei anderen Rezepten dieses Buches durchaus zwei oder drei Vorratsportionen anlegen kann, damit man den Geschmack jederzeit verfügbar hat, empfehle ich hier, nur so viel zu produzieren, wie man auch direkt konsumieren kann, andernfalls bekommen Sie braunen Joghurt, der nach überreifen Bananen schmeckt. Das Rezept ist in Sekundenschnelle zusammengestellt und schmeckt ohne weitere Beigaben köstlich, aber Sie können auch Müsli hinzufügen oder es sogar auf heißem Haferbrei genießen!

Zutaten:

- 1 Tasse griechischer Joghurt (vgl. S. 180)
- 1 reife Banane
- 2 Esslöffel Kokosmilch (möglichst Vollfettstufe)
- 2 Teelöffel Agavennektar oder Honig (nach Geschmack)

Zubereitung:

1. Die reife Banane in einer Schüssel zerdrücken.
2. Kokosmilch und Agavennektar hinzugeben und alles gut verrühren.
3. Den Joghurt hinzufügen und alles gut mischen.
4. Bald nach der Zubereitung servieren (die Banane wird oxidieren und braun werden, wenn Sie den Joghurt länger als einen halben Tag im Kühlschrank aufbewahren).
5. Genießen Sie den Joghurt in dieser Form oder mit Müsli oder auf heißem Haferbrei.

Mojito-Joghurt

Die Verwendung von Cocktails wie z. B. dem Minze-Mojito als Inspiration für die Aromatisierung von selbstgemachtem Joghurt macht Spaß und ist einzigartig. Dieser Mojitojoghurt enthält Limettensaft und Minzeblätter, genau wie der Mojito-Cocktail, sodass er einen kühlen, würzigen und erfrischenden Geschmack hat. Dieser Speise kann zu jeder Jahreszeit gemacht werden, ist aber vor allem im Sommer ein toller Genuss. Sie kann ohne weitere Zutaten, aber auch mit tiefgefrorener Zuckermelone gemixt verzehrt werden, womit sie an den Zuckermelonen-Cooler aus dem Smoothies-Abschnitt dieses Buches (vgl. S. 219) erinnert.

Zutaten:

- 2 Tassen Vollmilch- oder griechischer Joghurt (vgl. S. 179 oder 180)
- 10 Minzeblätter, fein zerkleinert (etwa 1 Esslöffel)
- Schale einer Limette
- 1 Esslöffel Limettensaft
- 2 Esslöffel Agavennektar (oder Zucker)
- 1/3 Tasse Kokosmilch

Zubereitung:

1. Geben Sie Kokosmilch, Minzeblätter, Agavennektar, Limettensaft und Limettenschale in einen kleinen Kochtopf.
2. Über mittlerer Hitze erwärmen und aufkochen.
3. Hitze reduzieren und 2 Minuten sieden lassen.
4. Topf vom Herd nehmen und Mischung 10 Minuten abkühlen lassen.
5. Die Minzeblätter mit einem feinen Sieb von der Mischung trennen und entfernen.
6. Die Mischung im Kühlschrank ganz abkühlen. Sie sollte ziemlich dick werden.
7. Sobald sie gekühlt ist, kombinieren Sie den Joghurt und die Mojitomischung.
8. Entweder so genießen oder in gefrorenen Joghurt umwandeln oder für den Zuckermelonen-Cooler im Smoothie-Abschnitt dieses Buches verwenden.

Hält sich im Kühlschrank maximal eine Woche.

Mokka-Joghurt

Während fruchtgefüllter Joghurt schmackhaft und gesund ist, verdienen wir doch von Zeit zu Zeit etwas Besonderes! Vorsicht, Kaffeliebhaber – das könnte die neue Methode werden, wie Sie sich Ihre Koffeinration besorgen. Dieser dekadente Joghurt mit Mokkageschmack ist leicht herzustellen, mit Kaffee, den Sie schon gebrüht haben. Der Joghurt kann ohne weitere Zutaten genossen werden oder Sie verwenden ihn für den Schokoladen-Eiweiß-Smoothie aus dem Smoothie-Abschnitt dieses Buches (vgl. S. 211).

Zutaten:

- 2 Tassen griechischer Joghurt (vgl. S. 180)
- 1/3 Tasse starken Kaffe
- 4 Esslöffel Kakaopulver
- 2 Esslöffel Zucker (nach Geschmack)

Zubereitung:

1. Geben Sie Kakaopulver und Zucker in eine kleine Schüssel.
2. Gießen Sie drei Esslöffel starken Kaffee in die Schüssel und mischen Sie alles, bis sich Kakaopulver und Zucker vollständig aufgelöst haben, sodass eine dicke, dunkle Mischung entsteht.
3. Die Mischung im Kühlschrank vollständig kühlen.
4. Mischen Sie Joghurt und Mokkamischung und genießen Sie das Ergebnis pur, mit Müsli oder fügen Sie es einem Schokolade-Eiweiß-Smoothie hinzu.

Hält sich im Kühlschrank maximal eine Woche.

Vanille-Honig-Joghurt

Vanillejoghurt ist in vielen Haushalten beliebt. Er ist vielseitig und zu jeder Jahreszeit ein Genuss. Da man Vanillejoghurt in größerer Menge gut aufbewahren kann, habe ich ein Rezept für etwa einen Liter erstellt. Die Kombination von Vanille und Honig schmeckt hervorragend und durch die natürliche Süßung ergibt sich ein gesunder Joghurt.

Dieser Joghurt schmeckt ohne weitere Zutaten ausgezeichnet, eignet sich aber auch wunderbar für Obst- und Müsliparfait und kann für süße Backwaren oder Gerichte anstelle von Milch verwendet werden. Wenn Sie Pfannkuchenteig etwas Joghurt und etwas Milch zufügen, werden die Pfannkuchen dick, sahnig und leicht würzig.

Zutaten:

Für etwa 1 Liter:

- 1 Liter (4 Tassen) Vollmilch- oder griechischer Joghurt (vgl. S. 179 oder 180)
- 2 Vanilleschoten, ausgeschabt
- ¼ bis 1/3 Tasse Honig

Zubereitung:

1. Die Vanilleschote in zwei Hälften schneiden, dann jede Hälfte längs aufschneiden.
2. Die kleinen schwarzen Vanilleschoten vorsichtig ausschaben und in den Joghurt geben. Für die Bindung mit dem Joghurt gut umrühren.
3. Den Honig auf den Joghurt gießen und schnell umrühren, um ihn gut einzubinden.

Anmerkung:

Wenn Ihr Honig kristallisiert ist bzw. nicht flüssig, können Sie ihn in einem Topf mit warmem Wasser erwärmen, um ihn zu verflüssigen. Lassen Sie ihn dann auf Zimmertemperatur abkühlen, bevor Sie ihn zum Joghurt geben.

Hält sich im Kühlschrank maximal zwei Wochen.

Heidelbeer-Joghurt

Das herb-süße Aroma von frischen Heidelbeeren, kombiniert mit sahnigem Joghurt macht dieses Rezept zu einem Renner. Dies ist ein Joghurt, der die meisten Menschen, kleine Kinder eingeschlossen, genießen werden. Wussten Sie, dass Heidelbeeren als Hirnnahrung gelten und das Gedächtnis verbessern können? Deshalb wird auch gesagt, dass man durch den Genuss von Heidelbeeren vor einer Prüfung den Stoff besser behält. Die Antioxidantien und Vitamine in Heidelbeeren machen den Joghurt nährstoffreich und durch die natürliche Süßung mit Agavennektar tut er Ihnen nur Gutes.

Zutaten:

- 1½ Tassen frische Heidelbeeren
- 2 Esslöffel Wasser
- 1 Esslöffel Agavennektar*
- 2 Tassen reiner griechischer Joghurt (vgl. S. 180)

* Sie können den Agavennektar durch Rohrzucker ersetzen, wobei Sie für die Auflösung des Zuckers in den Heidelbeeren sorgen sollten.

Zubereitung:

1. Geben Sie Heidelbeeren und Wasser in einen Kochtopf und erhitzen Sie diese über mittlerer Hitze, bedeckt.
2. Voll zum Kochen bringen und kochen, bis die Heidelbeeren schwellen und der Saft austritt. Deckel abnehmen und die Flüssigkeit etwas verkochen lassen, sodass die Mischung dicker wird, etwa 3 bis 5 Minuten lang.
3. Agavennektar (oder Zucker) hinzufügen, zum Binden umrühren und dann die Mischung vom Herd nehmen.
4. Heidelbeermischung in eine Schüssel oder einen Behälter geben. Im Kühlschrank vollständig kühlen.
5. Mixen Sie in einer Schüssel den Joghurt und die Heidelbeermischung, bis alles gut vermischt ist.
6. Den Joghurt ohne weitere Zutaten genießen oder mit Müsli oder in einem Früchte-Smoothie!

Hält sich im Kühlschrank maximal eine Woche. Vor dem Genießen gut umrühren.

Himbeer-Joghurt

Himbeer-Joghurt ist schon immer einer meiner persönlichen Favoriten gewesen und es gibt nichts Besseres als ihn selbst zu machen. Himbeeren haben viele Antioxidantien, Vitamin C, Mangan und Ballaststoffe. Darüber hinaus haben Studien gezeigt, dass Himbeeren pflanzliche Nährstoffe enthalten, die Fettzellen erhitzen und dadurch den Fettstoffwechsel stimulieren. Himbeeren fügen einem selbst gemachten Genuss eine bunte Mischung süßer und säuerlicher Aromen hinzu und tragen so zu einem Joghurt bei, der unglaublich viel besser ist als gekaufter.

Zutaten:

- 1½ Tassen frische, reife Himbeeren
- 2 Esslöffel Wasser
- 1 Esslöffel Agavennektar oder Zucker (nach Geschmack)
- 2 Tassen Vollmilch- oder griechischer Joghurt (vgl. S. 179 oder 180)

Zubereitung:

1. Erhitzen Sie die Himbeeren und das Wasser auf mittlerer Stufe, in einem bedeckten Kochtopf.
2. Nach einigen Minuten tritt der Saft aus den Himbeeren aus. Lassen Sie die Mischung voll aufkochen. Nehmen Sie den Deckel ab, damit etwas von der Flüssigkeit verkocht und die Mischung dicker wird. Fügen Sie Agavennektar oder Zucker hinzu (der Zucker soll sich ganz auflösen), dann nehmen Sie den Topf von der Platte. Sie können die Himbeeren ganz lassen oder mit einer Gabel zerdrücken, je nachdem welche Struktur Ihr Joghurt haben soll.
3. Gießen Sie die Himbeermischung in eine Schüssel oder einen Behälter und kühlen Sie sie im Kühlschrank.
4. Kombinieren Sie den Joghurt und die Himbeermischung, wobei Sie gut umrühren.

Anmerkung:

Im Kühlschrank setzen sich Agavennektar und Früchte vermutlich am Boden ab, deshalb sollten Sie den Joghurt vor dem Essen gut umrühren.

Hält sich im Kühlschrank maximal zwei Wochen.

Apfel-Zimt-Joghurt

In den Herbst- und Wintermonaten werden überall warme und würzige Speisen gebacken, wie z. B. der in ganz Amerika beliebte Apfelkuchen! Dieses Rezept beinhaltet karamellisierte Äpfel in braunem Zucker mit Zimt, mit vollen, süßen und herben Aromen. Und wenn das noch nicht anheimelnd genug klingt: die Kombination der coolen karamellisierten Äpfel mit dickem Joghurt bietet eine Sahnigkeit, die an Schlagsahne erinnert. Sollen wir das „Apfelkuchenjoghurt" nennen? Ich denke schon!

Zutaten:

- 3 Tassen Vollmilch- oder griechischer Joghurt (vgl. S. 179 oder 180)
- 3 Äpfel (Golden Delicious am besten), geschält und zerkleinert in kleine Stücke (1 cm)
- 2 Esslöffel Wasser, getrennt
- 3 Esslöffel brauner Zucker
- ½ Teelöffel Zimtpulver
- ½ Teelöffel reiner Vanilleextrakt
- Walnüsse fürs Servieren
- Prise Salz

Zubereitung:

1. Geben Sie zerkleinerte Äpfel, Zimt, 1 Esslöffel Wasser und die Prise Salz in einen mittelgroßen Kochtopf.
2. Die Äpfel über mittlerer Hitze erhitzen, bedeckt, alle paar Minuten umrühren. Die Äpfel beginnen zu kochen und der Saft tritt aus.
3. Nach etwa 10 Minuten den braunen Zucker hinzufügen sowie den anderen Esslöffel Wasser, dann auf niedrige Hitzestufe stellen. Weiterhin bedeckt kochen, bis die Äpfel ihre Form weitgehend verlieren und karamellisieren, etwa 8 bis 10 Minuten lang. Wenn die Äpfel am Boden anbacken, geben Sie noch mehr Wasser hinzu, jeweils 1 Esslöffel. Einige Apfelstücke werden ihre Form noch teilweise behalten, das macht den Joghurt knackig!
4. Wenn die Äpfel gekocht sind, fügen Sie den Vanilleextrakt hinzu, umrühren, dann vom Herd nehmen.
5. Lassen Sie die Apfelmischung abkühlen, dann gießen Sie sie in einen Behälter und kühlen sie das Produkt im Kühlschrank.
6. In einer Mixerschüssel mischen Sie 1 Liter selbst gemachten Joghurt und die Apfelmischung.
7. Servieren mit gehackten Walnüssen.

Hält sich maximal eine Woche im Kühlschrank. Vor dem Genuss gut umrühren.

Karamellisierte-Birnen-und-Kardamom-Joghurt

Genau wie der Apfel-Zimt-Joghurt in diesem Abschnitt ist auch Birnen-und-Kardamom-Joghurt ein süßes und weich gewürztes Rezept, perfekt für Herbst- und Wintermonate. Kardamom ist ein Gewürz, das oft in Kürbis- und Apfelkuchen verwendet wird und ein einzigartiges Aroma besitzt. Kardamom und Birnen passen sehr gut zusammen und erzeugen einen lieblichen Joghurt, den Sie kaum auf dem Markt finden werden.

Zutaten:

- 1 Liter Vollmilch- oder griechischer Joghurt (vgl. S. 179 oder 180)
- 3 reife Bosc-Birnen
- ¼ bis 1/3 Tasse Wasser
- 1 Teelöffel Zitronensaft
- Prise Salz
- ½ Teelöffel Kardamom
- 3 Esslöffel Agavennektar (nach Geschmack)

Zubereitung:

1. Die Birnen schälen und in kleine Stücke zerkleinern (½ bis 1 cm)
2. Die zerkleinerten Birnen in einen kleinen Topf geben, mit 2 Esslöffeln Wasser, dem Zitronensaft, dem Salz und dem Kardamom.
3. Birnen bedeckt kochen, über mittlerer Hitze. Nach etwa 5 Minuten einen weiteren Esslöffel Wasser hinzugeben und weiterkochen.
4. Kochen lassen, bis die Birnen weich und karamellisiert sind, wobei der Topf bedeckt bleibt und Sie alle paar Minuten umrühren. Dieser Vorgang sollte 20 bis 30 Minuten dauern.
5. Wenn die Birnen am Boden ankleben, geben Sie noch etwas Wasser hinzu. Der Kochvorgang ist abgeschlossen, wenn die Birnen weich sind, aber immer noch ihre Form bewahren und sich um die Birnen herum etwas dicke, süße Soße findet. Wenn die Birnen fertiggekocht sind, geben Sie den Agavennektar oder ein Süßungsmittel Ihrer Wahl hinzu.
6. Geben Sie die Mischung in einen Behälter und kühlen Sie sie im Kühlschrank.
7. Fügen Sie Joghurt und Birnenmischung in eine Mixschüssel und mischen Sie alles.
8. Genießen Sie den Joghurt pur oder mit Müsli.

Hält sich maximal eine Woche im Kühlschrank. Vor dem Genuss gut umrühren.

Zitronen-Joghurt

Würzig, frisch, süß und voller Vitamin C – Zitronenjoghurt ist einfach, gesund und schmeckt jedem, auch den Kindern! Die sahnige, weiche Konsistenz macht diesen Joghurt zu einem wunderbaren Genuss für alle, die kein Fruchtfleisch von zugefügten Früchten mögen.

Brillant ist es, Zitronenjoghurt in Smoothies zu geben. Das gibt dem Smoothie eine subtile, erfrischende Würze, die das Aroma der anderen Früchte gut zur Geltung bringt. Versuchen Sie es mit dem Erdbeer-Mango-Smoothie (vgl. S. 205) oder machen Sie ein Parfait mit selbst gemachtem Müsli und Klementinen.

Zutaten:

Für etwa 1 Liter:

- 1 Liter Vollmilch- oder griechischer Joghurt (vgl. S. 179 oder 180)
- 2 Esslöffel frischer Zitronensaft
- Schale einer ganzen Zitrone
- ¼ bis 1/3 Tasse Agavennektar

Zubereitung:

1. Mit dem Rührbesen Zitronensaft, Zitronenschale und Agavennektar in einer kleinen Schüssel verrühren.
2. In einen Krug oder eine Schüssel gießen, zusammen mit dem Joghurt und mischen, bis es gut gebunden ist.

Hält sich im Kühlschrank maximal 2 Wochen.

Smoothies

Über Smoothies

Smoothies sind eine tolle und genussvolle Methode, Probiotika, Vitamine und Mineralien in unsere Organsysteme aufzunehmen. Endlos viele Aromen und Kombinationen können hergestellt werden, um ein gesundes Frühstück, einen gesunden Snack oder ein gesundes Dessert zu kreieren. Smoothies müssen nicht auf Früchte und Joghurt begrenzt werden. Sie können auch rohe Nüsse, Nussbutter, Kokosnüsse, Soja- oder Mandelmilch, Kaffee, Gewürze, Extrakte (zum Beispiel Vanille oder Mandel), Gemüse und anderes enthalten!

Ich finde, die besten Smoothies sind Ergebnis der Verwendung frischer, in der Saison gereifter Früchte, die eingefroren wurden. Während Lebensmittelläden ständig gefrorene Früchte im Angebot haben, ist die Auswahl aber doch sehr begrenzt, wenn man sie mit dem großen Spektrum verfügbarer frischer Früchte vergleicht. Häufig bieten Lebensmittelläden tiefgefrorene Früchte an, die vor dem Reifezeitpunkt gepflückt wurden, was zu übermäßig sauren oder geschmacklosen Smoothies führen kann. Wenn Sie reife Früchte in ihrer Saison kaufen, sie zerkleinern und dann selbst einfrieren, können Sie ganzjährig süße, köstliche und gesunde Smoothies machen.

Dicke, kalte, süße und sahnige Smoothies sind mir am liebsten! Deshalb kaufe ich Bananenstauden, lasse sie voll ausreifen, schäle und friere sie dann ein. So kann ich jederzeit einen köstlichen Smoothie produzieren. Tiefgefrorene Bananen machen Smoothies natürlich süß, halten sie länger kalt und geben ihnen eine sahnige Konsistenz. Es kostet nicht viel Zeit, einen Gefrierbehälter mit reifen Bananen zu füllen, aber es lohnt sich wirklich! Wenn Sie wie ich Süßes mögen, können Sie auch zerkleinerte Datteln oder Feigen verwenden, um Ihre Smoothies besonders süß zu machen.

Mit einem Hochleistungsmixer bekommen Sie mit Sicherheit einen Smoothie, dessen Konsistenz einheitlich ist. Aber wenn Sie nur einen normalen Küchenmixer besitzen, geht es auch anders! Geben Sie einfach die Flüssigkeiten (Milch, Säfte, Joghurt oder Kefir) zuerst in den Mixer, gefolgt von den weichen Früchten und danach kommen die gefrorenen Früchte. Dann kann der Mixer den Smoothie effektiver verarbeiten und weicher machen.

Dieser Abschnitt enthält Smoothies auf der Basis von Joghurt und Kefir aus diesem Buch. Haben Sie schon einmal einen grünen Smoothie probiert? Wie wäre es mit einem Smoothie mit Kokosmilch? Was halten Sie von einem Smoothie mit gerösteter Roter Bete? Sie finden in diesem Abschnitt alle Arten von Aroma, mit Früchten, Gemüse und sogar Schokolade, für jeden Bedarf zu jeder Jahreszeit.

Erdbeer-Mango-Smoothie

Dieser einfache Fruchtsmoothie ist voller Geschmack. Seit ich ein Teenager war, ist er bis heute mein Favorit geblieben, und kann bei mir nie verkehrt sein! Die süßen, sahnigen, würzigen, säuerlichen Aromen sind perfekt ausbalanciert und alle benötigten Früchte gibt es ganzjährig. Für diesen Smoothie habe ich selbst gemachten Zitronenjoghurt (vgl. S. 201) verwendet, aber Sie können auch gekauften Joghurt verwenden.

Zutaten:

- 1 Tasse Zitronenjoghurt (vgl. S. 201)
- ¾ Tasse ungesüßte Mandelmilch
- 6 reife Erdbeeren (frisch oder tiefgefroren)
- 1 tiefgefrorene Banane
- 1 ganze Mango, geschält, zerkleinert und gefroren

Zubereitung:

Füllen Sie alle Zutaten in einen Mixer und mixen Sie, bis alles weich ist.

Wenn Sie keinen Hochleistungsmixer benutzen, geben Sie zuerst den Joghurt und die Mandelmilch hinein. Sie können auch mehr Mandelmilch nehmen, damit der Mixer die Früchte noch besser verarbeitet.

Ergibt einen dicken Smoothie für zwei Personen!

Tropisch-grüner Smoothie

Grüne Smoothies müssen nicht grün schmecken. Sie können tropisch, erfrischend und köstlich schmecken! Dieser Smoothie ist voller Inselaroma und stellt eine wundervolle Einführung in grüne Smoothies für jemand dar, der diese noch nicht kennt. Ananas schmecken nicht nur toll, sie haben auch viele gesundheitliche Vorzüge. Sie enthalten viel Vitamin C, sind ein Naturmittel gegen Entzündungen und helfen durch ihren Säuregehalt, Bakterienwachstum im Mund zu verhindern. Verknüpfen Sie diese Vorzüge mit den Antioxidantien und den hohen Vitamin K- und A-Werten von Grünkohl und Sie bekommen einen Smoothie, der Ihr Immunsystem nur so powert!

Dieses Rezept erfordert geröstete-Bananen-Kefir (vgl. S. 171), Sie können es aber einfach durch eine Tasse reinen Kefir ersetzen und eine tiefgefrorene Banane dazugeben.

Zutaten:

- 2 Tassen frische Ananas, zerkleinert
- 1 ganze Mango, zerkleinert und tiefgefroren (etwa 2 Tassen)
- 1 Tasse geröstete-Bananen-Kefir* (vgl. S. 171)
- 1 Tasse Mandelmilch
- 2 Tassen Grünkohlblätter, leicht komprimiert

* Der Kefir mit gerösteten Bananen kann durch eine Tasse reinen Kefir plus eine ganze tiefgefrorene Banane ersetzt werden.

Zubereitung:

Füllen Sie alle Zutaten in einen Hochleistungsmixer und mixen Sie, bis alles weich ist. Das ergibt einen dicken Smoothie, Sie müssen also möglicherweise den Mixer anhalten, alles umrühren und dann erneut starten. Für eine dünnere Version geben Sie mehr Mandelmilch hinzu und/oder mehr Kefir.

Ergibt Smoothies für 2 bis 3 Personen.

Pfirsich-Sahne-(Honig-)Smoothie

Dieses Rezept enthält eigentlich nur alles Gute vom Pfirsich! Nehmen Sie Pfirsich-und-Honig-Kefir (vgl. S. 167) plus einen tiefgefrorenen Pfirsich und etwas Mandelmilch und schon haben Sie einen einfachen, sahnigen, süßen Pfirsichgenuss. Aber keine Sorge, wenn Sie zu Hause keinen selbst gemachten Pfirsichkefir haben! Sie können ihn einfach durch eine Tasse reinen Kefir plus einen zusätzlichen Pfirsich und etwas Honig ersetzen.

In der Pfirsichsaison fülle ich meine Vorräte auf. Ich kaufe pfundweise Pfirsiche und lasse sie reifen (wenn sie es nicht schon sind), zerkleinere sie und friere sie ein, damit ich sie ganzjährig genießen kann. Unglücklicherweise ist die Pfirsichsaison immer irgendwie zu kurz – also muss ich im Sommer, wenn es die saftigen, reifen Pfirsiche gibt, immer für genügend Vorräte sorgen.

Zutaten:

- 1 Pfirsich, entkernt, zerkleinert und tiefgefroren
- 1 Tasse Pfirsich-Honig-Kefir (vgl. S. 167)*
- ½ Tasse Mandelmilch

* Sie können den Pfirsich-Honig-Kefir durch eine Tasse reinen Kefir plus einen zusätzlichen tiefgefrorenen Pfirsich und 1 Esslöffel Honig ersetzen.

Zubereitung:

Füllen Sie alle Zutaten in einen Mixer und mixen Sie, bis alles weich ist.

Ergibt 1 großen Smoothie

Schokoladen-Eiweß-Smoothie

Wenn es ein Lebensmittel in meinem Haus gibt, das nie lange existiert, dann ist es ein Glas Erdnussbutter. Knusprig oder cremig, das ist mir egal, solange ich sie auf meinen Löffel bekomme! Ich liebe alle natürlichen Butterarten ohne Öle, Zucker oder Konservierungsstoffe und ich habe festgestellt, dass alle Nussbutterarten in einem Smoothie hervorragend schmecken, wobei Erdnussbutter immer noch mein Favorit bleibt.

Dieser Smoothie beinhaltet rohes Kakaopulver, d. h. Schokolade in ihrer rohen Form, bevor sie wärmebehandelt oder durch Öle oder Zucker ergänzt wird. Das Kakaopulver kann durch normales Kakaopulver ersetzt werden, aber das ergibt einen etwas veränderten Geschmack. Dieser Smoothie enthält auch Macapulver, das optional, aber sehr gesund ist. Macapulver kommt von Macawurzeln, die vor allem in Peru gezüchtet werden. Es ist voller Vitamin B_1, B_2, B_{12}, C und E, und außerdem enthält es viele Mineralien. Es ist ein Aphrodisiakum, es kann die Ausdauer von Athleten stärken und es hilft bei der Erneuerung der roten Blutkörperchen. Es ist also ein sehr gesundes Lebensmittel.

Ich habe diesen Smoothie mit verschiedenen Joghurts und Kefirprodukten probiert. Am besten gefielen mir Schokoladenkefir, Mokkajoghurt und Vanillejoghurt. Obwohl alle diese Möglichkeiten köstlich sind, ist dieser Smoothie auch ohne Joghurt ein Genuss.

Zutaten:

- 1 tiefgefrorene Banane
- ½ Tasse Schokoladenkefir oder Mokkajoghurt oder Vanillejoghurt (vgl. S. 165, 189 oder 191)
- ½ bis ¾ Tasse Mandelmilch*
- 1½ Esslöffel Ihrer Lieblings-Erdnussbutter**
- 1½ Esslöffel rohes Kakaopulver
- ½ Teelöffel rohes Macapulver, optional

* Für einen besonders reichen und dekadenten Genuss versuchen Sie Dunkle-Schokoladen-Mandelmilch!

** Versuchen Sie diesen Smoothie auch mit Cashewbutter oder Mandelbutter!

Zubereitung:

Geben Sie alle Zutaten in einen Mixer und mixen Sie, bis alles weich ist.

Ergibt 1 Smoothie

Himbeer-Piña-Colada-Smoothie

Piña Colada ist das Getränk für Urlaub auf der Insel schlechthin, und zwar aus gutem Grund: Es ist süß, sahnig und vermittelt irgendwie Entspannung und Erholung. Ich habe aus dem süffigen Getränk einen Smoothie gemacht, den man zu jeder Tageszeit genießen kann. Er enthält Vollfett-Kokosmilch, die das Getränk äußerst gesund macht. Obwohl Kokosmilch viele Kalorien hat, ist sie voller herz-bekömmlicher Fette, die nicht die Arterien verstopfen. Sie enthält außerdem Vitamine B, C und E, Mineralien und Antioxidantien. Kokosmilch fördert bekanntlich auch den Stoffwechsel. Während man für diesen Smoothie durchaus frische Ananas verwenden kann, bevorzuge ich Ananassaft, weil er das Getränk sahnig macht. Ananassaft ist außerdem gesund für Sie, weil er viel Vitamin C und B_6 sowie Antioxidantien enthält – außerdem gibt er viel Energie und hilft der Verdauung.

Himbeeren beinhalten große Mengen von Antioxidantien und Vitamin C und sie sind ein Naturmittel gegen Entzündungen. Sie enthalten Rheosmin, das den Fetten dabei hilft, das Organsystem zu durchlaufen, ohne absorbiert zu werden, sodass Sie zu einem Anti-Fettleibigkeits-Nährstoff werden. Alle diese Vorzüge zusammen machen diesen herrlichen Genuss extrem gesund!

Ich habe für dieses Rezept frische Himbeeren zerdrückt und sie in den Smoothie getan, nachdem ich die anderen Zutaten gemixt hatte; dadurch hat der Smoothie ein schönes herbes Aroma und eine gewisse Struktur bekommen. Sie können die Himbeeren aber auch ganz weglassen, wenn Sie einen ganz weichen Smoothie trinken möchten.

Zutaten:

- ½ Tasse reines Joghurt* (vgl. S. 179)
- ½ Tasse frische Himbeeren, zerdrückt
- ½ Tasse Kokosmilch**
- 1½ tiefgefrorene Bananen
- ½ Tasse Ananassaft

* Sie könnten auch Bananen-Creme-Joghurt oder Vanille-Joghurt verwenden.

** Ich empfehle Kokosmilch der Vollfettstufe aus der Dose. Ohne sie wird dieser Smoothie nicht so köstlich schmecken!

Zubereitung:

1. Geben Sie die frischen Himbeeren in eine Schüssel und zerdrücken Sie sie mit einer Gabel. Stellen Sie die Schüssel zur Seite.
2. Fügen Sie den reinen Joghurt, die Kokosmilch, den Ananassaft und die gefrorene Banane in einen Mixer und mixen Sie, bis alles weich ist.
3. Gießen Sie den Smoothie in ein Glas und geben Sie die zerdrückten Himbeeren darauf. Genießen!

Heidelbeer-Mango-Smoothie

Diesen Smoothie voller Früchte mag wirklich jeder. Sie können ihn schnell zusammenstellen, wenn Sie wenig Zeit haben und er hat einen Geschmack, an dem jeder etwas findet. Vor allem Kinder lieben dieses köstliche Getränk! Ich schichte Smoothies gerne übereinander, indem ich entweder Kokosmilch oder Joghurt oben drauf gebe. Das sieht einzigartig und hübsch aus, und man kann das Getränk dann entweder mischen oder Schicht für Schicht genießen.

Wenn Sie dem Smoothie Heidelbeerkefir oder Heidelbeerjoghurt beifügen, PLUS eine ganze Tasse frischer Heidelbeeren, wird das Getränk reich an Antioxidantien. Wenn ich mich auf Prüfungen vorbereitete, habe ich vorher regelmäßig bis zu dem Termin Heidelbeer-Smoothies getrunken. Fügen Sie Mango, Orangensaft und Banane hinzu, dann haben Sie ein sehr aromareiches Getränk mit vielen Vitaminen und Mineralien, die Ihr Immunsystem massiv stärken!

Zutaten:

- 1 ganze Mango, geschält, entkernt, zerkleinert und tiefgefroren
- 1 Tasse tiefgefrorene Heidelbeeren
- 1 reife Banane, tiefgefroren
- ½ Tasse Heidelbeerkefir oder –joghurt* (vgl. S. 173 oder S. 193)
- ½ Tasse Mandelmilch
- ½ Tasse Orangensaft
- ¼ bis ½ Tasse Kokosmilch, Vollfettstufe (als Top)

* Heidelbeerkefir oder -joghurt kann durch einen anderen Joghurt ersetzt werden, den Sie mögen, z. B. Vanille-, Erdbeer- oder Himbeerjoghurt.

Zubereitung:

1. Geben Sie alle Zutaten außer der Kokosmilch in einen Mixer. Mixen, bis alles weich ist.
2. Gießen Sie den Smoothie in zwei Gläser und servieren Sie ihn mit der Kokosmilch als Top.

Ergibt Smoothies für zwei Personen!

Schokolade-Rote-Bete-Smoothie

Es mag seltsam erscheinen, Kakaopulver, Rote Bete und Preiselbeerkefir zu mixen, aber das ist mein Lieblings-Smoothie. In diesem Smoothie sind so viele starke Gesundheitsvorzüge, wir sollten alle täglich einen davon trinken! Aber ich möchte eine faire Warnung abgeben, es wird nicht jedem schmecken. Sie schmecken tatsächlich die Rote Bete (obwohl die Preiselbeeren und die Schokolade stärker sind), wer also Rote Bete absolut nicht mag, wird auch diesen Smoothie nicht genießen können.

Dieses Getränk hat sehr viele Vitamine, Mineralien und Antioxidantien. Schokolade ist reich an Antioxidantien und Kakao enthält Phenylethylamin, das das Adrenalinsystem stimuliert, den Puls zu beschleunigen, sodass Sie sich glücklich und aufmerksam fühlen. Rüben sind voller Ballaststoffe und die Zucker verbrennen langsam, sodass sie eine gesunde Quelle von Kohlenhydraten darstellen. Rüben enthalten weiterhin Nitrate, die bei der Erweiterung der Blutgefäße helfen, sodass Sie mehr Energie und eine stärkere Hirnleistung bekommen! Und sie sind ein natürliches Aphrodisiakum. Alles das, zusammen mit dem Vitamin C und den Antioxidantien in Preiselbeeren, machen diesen Smoothie zu einem ganz besonderen Getränk!

Zutaten:

- ½ Rote Bete, gedünstet, zerkleinert und tiefgefroren
- 1 ½ Esslöffel rohes Kakaopulver (oder normales Kakaopulver)
- 1 tiefgefrorene Banane
- ½ Tasse Mandelmilch
- ½ Tasse Preiselbeerkefir (vgl. S. 163)

Zubereitung:

1. Füllen Sie einen Dampfkochtopf 5 cm hoch mit Wasser, fügen Sie den Dampfkocher ein und bringen Sie das Wasser zum Kochen.
2. Zerkleinern Sie eine ganze Rote Bete in vier Teile, mit Schale, legen Sie sie in den Topf und schließen Sie den Deckel.
3. Dünsten Sie die Bete 15 Minuten oder bis sie weich ist, wenn Sie mit der Gabel hineinstechen.
4. Lassen Sie die Rote Bete ganz abkühlen. Wenn Sie abgekühlt ist, zerkleinern Sie sie in kleinere Stücke und packen Sie in einen Gefrierbehälter. Da Sie nur die halbe Bete brauchen, können Sie die andere Hälfte in einem Salat verarbeiten oder für einen anderen Smoothie einfrieren.
5. Geben Sie alle Zutaten in einen Mixer und mixen Sie, bis alles weich ist.

Wenn Sie keinen Dampfkochtopf haben, können Sie die Rote Bete auch direkt in kochendes Wasser legen (oder sogar rösten), um sie zu kochen.

Zuckermelone-Minze-Cooler

Geschichtete Smoothies sind fantastisch und sehen hübsch aus; nicht zuletzt sind sie auch noch köstlich. Anstatt alles zusammen zu mixen, sorgt das Aufgießen des Joghurts auf das Top für einen einzigartigen Genuss. Wenn sie zuerst tiefgefroren war und dann gemixt wird, ist Zuckermelone ähnlich wie ein Slushy. Frische Minze und Zuckermelone zusammen ergeben ein köstliches, erfrischendes Getränk für heiße Tage!

Dieser Cool-Drink verlangt nach dem Mojito-Joghurt aus dem Joghurt-Abschnitt dieses Buches (vgl. S. 187). Sie können aber auch den Limetten-Kefir, Zitronen- oder Vanille-Joghurt verwenden.

Zutaten:

- 1 ganze Zuckermelone, entkernt, zerkleinert und tiefgefroren
- 6 Minzeblätter
- 1 Tasse Mandelmilch
- 1 Esslöffel Agavennektar (optional)
- 1 Esslöffel frischer Limettensaft
- 1 Tasse Mojitojoghurt (vgl. S. 187)*

* Probieren Sie dieses Rezept mit Limetten-Kefir (vgl. S. 161) oder Zitronen-Joghurt (vgl. S. 201)! Sogar Vanille-Joghurt (vgl. S. 191) schmeckt sehr gut auf diesem Cooler!

Zubereitung:

1. Zerkleinern Sie die Zuckermelone in Stücke, wobei Sie die Schale entfernen. Die Stücke in einen Gefrierbehälter geben und einfrieren (Anmerkung: Sie können diesen Schritt auch weglassen, aber gefrorene Zuckermelone ergibt ein erfrischendes Slushy, ein halbgefrorenes Erfrischungsgetränk).
2. Geben Sie alle Zutaten außer dem Joghurt in einen Mixer
3. Mixen Sie alles, bis Sie einen dicken Slushy haben. Je nach Stärke Ihres Mixers müssen Sie ihn vielleicht mehrmals anhalten, die Zuckermelone umrühren und dann weitermixen. Ohne Hochleistungsmixer empfehle ich die Verwendung frischer Honigmelone anstatt gefrorener.
4. Gießen Sie den Zuckermelonen-Cooler in zwei Gläser und verteilen Sie jeweils eine Hälfte des Joghurts auf jedes Glas. Sie können den Joghurt mischen, dann bekommen Sie einen schön cremigen Smoothie, oder Sie genießen die einzelnen Schichten jeweils für sich mit einem Löffel.

Matcha-Grüntee-Smoothie

Grüntee ist eine der besten Quellen für Antioxidantien. Während das Aufbrühen einer Tasse Grüntee für Sie sehr gesund ist, bleiben die meisten gesundheitlichen Vorzüge des Grüntees in den Teeblättern, die mit dem gebrauchten Teebeutel weggeworfen werden. Matchapulver besteht aus steingemahlenen Grünteeblättern (wird auch in Grüntee-Eiscreme verwendet!) und bildet eine starke Quelle von Antioxidantien, Vitaminen, Minteralien und Aminosäuren. Matcha fördert außerdem den Stoffwechsel und verbrennt Fett.

Sie brauchen nicht viel Matcha, um einen wohlschmeckenden und gesunden Smoothie herzustellen. Das Aroma von Grüntee ist subtil, wenn Sie also neutrale Früchte wie Bananen oder Mangos in einem Grüntee-Smoothie verwenden, geht das Grüntee-Aroma nicht verloren. Dieser gesunde Drink gibt Ihrem Immunsystem Kraft, verstärkt Ihre Energie und schmeckt wahnsinnig gut!

Zutaten:

- 1½ gefrorene Bananen*
- ¾ Tasse Vanille-Honig-Joghurt (vgl. S. 191)
- 1 Tasse Mandelmilch
- 1 bis 2 Esslöffel Matcha-Grüntee-Pulver

* Versuchen Sie auch einen Mango-Matcha-Smoothie mit einer gefrorenen, zerkleinerten Mango (etwa 1½ bis 2 Tassen gefrorene Mango).

Zubereitung:

Füllen Sie alle Zutaten in einen Mixer und mixen Sie, bis alles weich ist.

Ergibt 1 großes oder 2 kleine Smoothies.

Mojito-Smoothie

Einer der erfrischendsten Sommercocktails ist Minze-Mojito. Dieses Mojito-inspirierte Smoothie enthält Limette und Minze für einen coolen und würzigen Geschmack und außerdem Kokosmilch und Kefir für einen dekadenten, sahnigen Genuss. Obwohl dies kein Smoothie mit wenigen Kalorien ist, hat es sehr viele gesundheitliche Vorzüge, aufgrund des Kefirs, der reich an Probiotika ist und durch die Kokosmilch mit ihren vielen Elektrolyten. Trinken Sie diesen Smoothie nach dem Joggen an einem heißen Tag, als verjüngenden Drink, oder genießen Sie ihn als Dessert!

Zutaten:

- 2 reife gefrorene Bananen
- 12 frische Minzeblätter
- ½ Tasse Limetten-Kefir (vgl. S. 161)*
- ½ Tasse Kokosmilch (Vollfettstufe aus der Kanne)
- ½ Tasse Mandelmilch

* Limetten-Kefir kann durch ½ Tasse reinen Kefir + 1 Esslöffel frischen Limonensaft + 1 Esslöffel Agavennektar ersetzt werden

Zubereitung:

Geben Sie alles in einen Mixer und mixen Sie, bis alles weich ist.

Ergibt Smoothies für zwei!

Avocado-Grünkohl-Super-Smoothie

Bei diesem Smoothie handelt es sich wirklich um eine Mahlzeit in einem Glas. Er enthält Heidelbeeren, Grünkohl und Avocado, die alle sehr gesunde Lebensmittel sind. Heidelbeeren sind reich an Antioxidantien und Grünkohl an Eisen, Ballaststoffen, Vitamin A und K und vielem mehr. Avocados enthalten Omega-3-Fettsäuren und helfen angeblich Alzheimer, Krebs und Herzkrankheiten vorzubeugen. Avocados haben ebenfalls ein breites Spektrum von Vitaminen und Mineralien. Nimmt man alles zusammen, ist in dieser Tasse Smoothie alles, was Sie für eine gesunde Mahlzeit brauchen!

Die weiche Struktur dieses Smoothies gibt Ihnen ein sehr gutes Gefühl im Mund. Es ist süß und sahnig und etwas erdig. Es ist vielleicht kein Lieblingsgetränk für jemand, der noch keine grünen Smoothies kennt, aber es ist auch kein grüner Drink, bei dem man sich die Nase zuhält!

Zutaten:

- 1 gefrorene Banane, in kleine Stücke geschnitten
- ½ Tasse Heidelbeer-Joghurt (vgl. S. 193)
- 1 Tasse Grünkohl- oder Spinatblätter, zerkleinert
- ½ reife Avocado
- ½ Tasse ungesüßte Mandelmilch

Zubereitung:

Geben Sie alle Zutaten in einen Mixer und mixen Sie, bis alles weich ist.

Anmerkung:

Für diesen Smoothie wird ein Hochleistungsmixer empfohlen, weil er dick und cremig wird. Für eine dünnere Konsistenz oder um dem Mixer die Verarbeitung zu erleichtern, können Sie zusätzliche Mandelmilch beifügen.

Ergibt 1 dicken Smoothie.

Kurkuma-Kefir-Lassi

Ein Lassi ist ein joghurtbasiertes Getränk, das keine Früchte enthalten muss. Es ähnelt einem Smoothie und enthält manchmal verschiedene Gewürze und sogar Salz. Jede Zutat in diesem Drink ist unglaublich gesund, auf ihre eigene Weise, sodass dieses Getränk eine enorme Dichte und ein breites Spektrum von gesundheitlichen Vorzügen hat.

Kurkuma gilt als hervorragendes Mittel zur Verhinderung des Wachstums von Krebszellen. Darüber hinaus ist es entzündungshemmend, wodurch es auch gegen Hautstörungen wie Schuppenflechte wirkt. Kurkuma vermindert bekanntlich die Progression von Alzheimer, ist ein Antioxidans und ein natürliches Mittel gegen Schmerzen. Ähnlich wie Kurkuma ist auch Ingwer entzündungshemmend und hilft beim Verdauen, wirkt gegen Übelkeit und Menstruationskrämpfe und ist ein natürliches Antibiotikum.

Honig ist auch ein natürliches Antibiotikum. Nehmen Sie alle diese Fakten zusammen mit den Vitaminen, Mineralien, der Stärkung von Immunsystem und Stoffwechsel durch frische Ananas und Kokosmilch (nicht zu vergessen die Probiotika in Kefir) – dann sollte dieser Smoothie wirklich ganz oben auf Ihrer To-do-Liste stehen!

Die Vorzüge kennen Sie jetzt, aber wie schmeckt das Ganze? Es ist sahnig und süß mit einer brillanten Struktur. Die beiden dominanten Aromen sind Zitrone und Ingwer. Zitrone und Ingwer erzeugen zusammen ein sahniges Aroma, also ist das Getränk in jeder Hinsicht köstlich!

Zutaten:

- 1 Tasse reiner Milchkefir* (vgl. S. 153, 155)
- Saft von ½ Zitrone
- 1 Teelöffel Kurkuma
- 1 gehäufter Teelöffel frischer Ingwer, auf der feinen Seite einer Raspel gerieben
- 1 gefrorene Banane
- ¼ Tasse Kokosmilch
- ½ Tasse frische Ananas
- 2 Teelöffel Honig

* Reiner Kefir kann durch reinen Joghurt ersetzt werden

Zubereitung:

1. Reiben Sie ein Stück geschälte Ingwerwurzel auf der feinen Seite einer Raspel, bis Sie einen gehäuften Teelöffel voll haben. Wenn Sie es würziger mögen, können Sie die Ingwermenge erhöhen.
2. Geben Sie alle Zutaten in einen Mixer und mixen Sie alles, bis es weich ist.
3. Gießen Sie den Smoothie in ein Glas und garnieren Sie ihn mit zusätzlichem Kurkuma.

Kürbis-Gewürz-Smoothie

Im Herbst und Winter spricht vieles für Kürbis, Zimt und Ingwer. Kürbisgerichte sind toll, köstlich und können wirklich sehr gesund sein! Kürbisse haben viel Vitamin A und Ballaststoffe und wenig Fett und Kalorien. Kombiniert mit frischem Ingwer und Zimt wird Ihre Lust auf Süßes gestillt, Ihr Hunger beseitigt und Sie haben eine gesunde Alternative zum Nachtisch.

Wussten Sie, dass Ingwer natürlich entzündungshemmend ist und bei der Verdauung hilft, während Zimt bei der Regulierung des Blutzuckers hilft? Diese warmen Gewürze sind sehr gut für Ihren Körper und besonders angenehm an einem kalten Herbst- oder Wintertag. Das Rezept erfordert Kürbispüree, das Sie entweder im Laden kaufen oder selbst zu Hause machen können, wenn Sie einen Kürbis rösten.

Zutaten:

- ½ Tasse Kürbispüree (oder süßes Kartoffelpüree)
- ½ Tasse ungesüßte Mandelmilch
- ½ Tasse reiner Joghurt (vgl. S. 179)
- 1 gefrorene Banane
- 1 gehäufter Teelöffel Honig
- ½ Teelöffel frischer Ingwer, gerieben
- ¼ Teelöffel Zimtpulver
- 1 Prise Muskatnuss

Zubereitung:

1. Reiben Sie ein kleines Stück geschälte Ingwerwurzel mit der feinen Seite der Raspel, bis Sie etwa ½ Teelöffel voll haben.
2. Füllen Sie alle Zutaten in einen Mixer und mixen Sie, bis alles weich ist.

Anmerkung:

Wenn Sie keinen Hochleistungsmixer haben, fügen Sie etwas mehr Mandelmilch hinzu, um den Mixer zu unterstützen.

Ergibt 1 dicken Smoothie.

Über die Autorin

„Ich begann 2011 Kombucha zu brauen, bald nachdem ich das Getränk im Lebensmittelladen entdeckt hatte. Ich brauchte ein paar Flaschen, um mich an den Kombuchageschmack zu gewöhnen, aber ich fühlte mich gleich sehr gut und wenig später schmeckte es mir auch. Ich kaufte und trank jeden Tag eine Flasche, was sehr schnell ins Geld ging. Ich merkte, wie viel Geld ich jeden Monat für meine Obsession mit Kombucha ausgab und suchte nach einer besseren Lösung.

Ich erkannte, dass die eigene Herstellung von Kombucha nicht nur Spaß bereiten, sondern mir auch viel Geld sparen würde und letztlich bekäme ich dabei auch die Kontrolle über die Zutaten. Als ich mit dem Brauen anfing, verwendete ich für die Aromatisierung ausschließlich hundertprozentige Fruchtsäfte. Als ich dann anfing, im Rahmen einer sekundären Fermentation Früchte und Kräuter für die Geschmacksgestaltung zu verwenden, machte die Qualität meiner Kombuchaproduktion einen großen Sprung nach vorne. Mein Kombucha schmeckte nicht nur besser, es wurde auch spritziger und ich konnte meine Ernährungsbedürfnisse besser bedienen, indem ich Zutaten verwendete, die bestimmte Vitamine und Mineralien enthielten und Gesundheitsvorzüge besaßen, auf die es mir ankam.

Ich bin keine Ernährungswissenschaftlerin oder Diätspezialistin und ich habe auch keine Ausbildung in irgendeinem gesundheitswissenschaftlichen Bereich. Sämtliche Informationen in diesem Buch stammen aus meinen eigenen Analysen und Erfahrungen. Ich habe viele Erfolge, aber auch Rückschläge erlebt. Je mehr ich experimentiere, desto mehr lerne ich. In diesem Buch berichte ich alles, was in der Kunst der Fermentation für mich funktioniert und was nicht.

Ich glaube, dass die Probiotika in meiner Ernährung mein Heim zu einem glücklichen Ort machen. Wenn Sie Verdauungsprobleme haben, sind Probiotika ein hervorragender Weg zur Heilung Ihres Körpers, aber bitte stützen Sie sich bei Ihrer bewussten Ernährung nicht ausschließlich auf dieses Buch.

Ich liebe das Brauen von probiotischen Getränken, aber ich bin auch leidenschaftliche Köchin und Fotografin. Unter www.theroastedroot.net betreibe ich mein Ernährungsblog, auf dem ich ernährungsbezogene Rezepte mit anderen teile, die sich auf ganzheitliche Nahrung konzentrieren."

Rezepteübersicht